Standard Deutsch 8

Das systematische Lernbuch

Arbeitsheft Plus

Erarbeitet von

Annette Brosi
Christian Fritsche
Annet Kowoll
Sarah Wagemanns
Judith Woll

Inhaltsverzeichnis

Zu Texten schreiben

Eine literarische Figur beschreiben	4
Die Merkmale einer Kriminalgeschichte kennen	6
Teste dich selbst! Die Merkmale einer Kriminalgeschichte kennen	8

Berichten und Beschreiben

Ein Bewerbungsschreiben verfassen	10
Eine Vorgangsbeschreibung verfassen	11
Einen ausführlichen Tagesbericht schreiben	13
Teste dich selbst! Eine Vorgangsbeschreibung verfassen	15

Schriftlich Stellung nehmen

Überzeugend argumentieren	16
Einleitung und Schluss einer Erörterung schreiben	18
Eigene Texte überarbeiten	20
Teste dich selbst! Eine schriftliche Argumentation verfassen	21

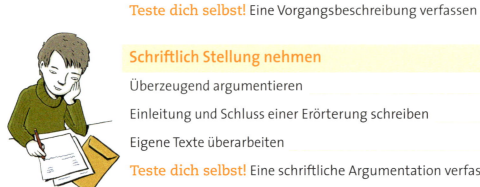

Sachtexte lesen und verstehen

Ein Diagramm auswerten	22
Informative Sachtexte lesen und verstehen	23
Einen wertenden Zeitungstext erkennen	25
Teste dich selbst! Einem Schaubild Informationen entnehmen	27

Literarische Texte lesen

Einen literarischen Text erschließen	28
Teste dich selbst! Einen literarischen Text erschließen	32
Ein Gedicht untersuchen	34
Teste dich selbst! Ein Gedicht untersuchen	36

Nachdenken über Sprache

Sprachvarianten untersuchen	37
Teste dich selbst! Sprachvarianten	39
Fachbegriffe erschließen	40
Teste dich selbst! Fachbegriffe erschließen	42

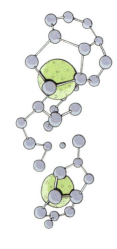

Nomen und Pronomen	43
Das Partizip I verwenden	45
Mit Verben Zeitformen bilden	47
Aktiv und Passiv verwenden	48
Konjunktiv I und II	49
Teste dich selbst! Wortarten	50
Satzglieder	53
Teste dich selbst! Satzglieder	55

Richtig schreiben

Fremdwörter verstehen und richtig schreiben	56
Teste dich selbst! Fremdwörter	58
Verbindungen aus Nomen und Verb	59
Verbindungen mit dem Verb	60
Verbindungen mit sein	61
Teste dich selbst! Getrennt oder zusammen?	62
Nomen und Nominalisierungen	63
Groß- und Kleinschreibung in festen Wendungen	64
Zeitangaben schreiben	65
Die Welt der Zahlen	66
Eigennamen, Straßennamen und feste Verbindungen	67
Teste dich selbst! Groß oder klein?	68
Satzreihen und Satzgefüge	69
dass-Sätze	70
Relativsätze	71
Infinitivsätze	72
Zusätze und Einschübe	73
Teste dich selbst! Zeichensetzung	74

Teste dein Wissen! Lernstandstest   75

Eine literarische Figur beschreiben

> **Wiederholung: Aufbau einer Personenbeschreibung**
>
> Eine Personenbeschreibung baut man **von innen nach außen** auf.
> Man kann nur das über die Person schreiben, worauf der **Text hinweist**.
> Die **Einleitung** sollte Folgendes beschreiben: Person, Stellung, Beruf
> Der **Hauptteil**: Aussehen, Wesen, Gewohnheiten, Verhaltensweisen, Beziehung zu anderen Figuren
> Im **Schlussteil** werden die wichtigsten Merkmale in einem Satz zusammengefasst.
> Folgende Punkte muss eine Personenbeschreibung außerdem enthalten:
> - Name, Alter, Geschlecht, Statur (Figur, Größe)
> - Aussehen, Kleidung
> - Charaktereigenschaften
> - Besondere Kennzeichen

Die von dem britischen Autor Arthur Conan Doyle erschaffene Romanfigur Sherlock Holmes ist im ausgehenden 19. und frühen 20. Jahrhundert als Detektiv in ganz England tätig. Diese Detektivgeschichten erlangten Weltruhm, wurden in viele Sprachen übersetzt, verfilmt und sind heute auch als Hörbücher zu erhalten. Sherlock Holmes gilt heute noch als berühmteste und wichtigste Detektivfigur.

Das gefleckte Band

Wenn ich meine Notizen der etwas über siebzig Fälle überfliege, bei denen ich während der letzten acht Jahre die Methoden meines Freundes Sherlock Holmes studiert habe, finde ich viele tragisch, manche komisch, zahlreiche lediglich seltsam, aber keinen alltäglich; denn da er eigentlich eher aus
5 Liebe zu seiner Kunst als zum Erwerb von Reichtum arbeitete, lehnte er es ab, sich auf irgendeine Untersuchung einzulassen, die nicht zum Ungewöhnlichen neigte, wenn nicht sogar zum Phantastischen. Von all diesen unterschiedlichen Fällen jedoch kann ich mich keines entsinnen, der einzigartigere Züge aufwies als der, der mit der weithin bekannten Familie
10 der Roylotts von Stoke Moran aus Surrey in Zusammenhang stand. Die fraglichen Geschehnisse ereigneten sich in den frühen Tagen meiner Verbindung zu Holmes, als wir als Junggesellen in der Baker Street zusammenwohnten. [...] Es war in den ersten Apriltagen des Jahres '83, als ich eines Morgens aufwachte und sah, dass Sherlock Holmes, vollständig
15 angezogen, neben meinem Bett stand. Er war in der Regel ein Spätaufsteher und da die Uhr auf dem Kaminsims mir zeigte, dass es erst Viertel nach sieben war, blinzelte ich mit einiger Verwunderung und vielleicht ein klein wenig Unmut zu ihm hoch, denn ich selbst hatte feste Lebensgewohnheiten. „Bedaure sehr, Sie aufzuwecken, Watson", sagte er, „aber das ist heute
20 morgen das allgemeine Los. Mrs. Hudson ist aufgeweckt worden, sie hat es an mich weitergegeben und ich an Sie." „Was ist denn der Grund? Ein Feuer?" „Nein, eine Klientin. Es scheint, dass eine junge Dame in einem recht bemerkenswerten Zustand der Erregung eingetroffen ist und darauf besteht, mich zu sehen. Sie wartet jetzt im Wohnzimmer [...]." Ich empfand
25 kein größeres Vergnügen, als Sherlock Holmes bei seinen beruflichen Ermitt-

lungen zu folgen und die raschen Schlussfolgerungen – so geschwind wie
Intuitionen und doch immer auf einer logischen Basis fußend – zu
bewundern, mit denen er die ihm unterbreiteten Probleme enträtselte. [...]
Eine in Schwarz gekleidete und tief verschleierte Dame, die am Fenster
30 gesessen hatte, erhob sich, als wir eintraten. [...] Sie hob ihren Schleier, als
sie sprach, und wir konnten sehen, dass sie in der Tat in einem bedauerns-
werten Zustand der Erregung war, das Gesicht ganz verzerrt und grau, mit
ruhelosen, verängstigten Augen, wie die eines gehetzten Tieres. Ihre
Gesichtszüge und ihre Figur waren die einer Frau von dreißig, aber ihr Haar
35 war von vorzeitigem Grau durchzogen, und der Ausdruck auf ihrem Gesicht
war müde und verstört. Sherlock Holmes musterte sie mit einem seiner
raschen, alles erfassenden Blicke.
„Sie brauchen sich nicht zu fürchten", sagte er beruhigend, wobei er sich
nach vorn beugte und ihren Unterarm tätschelte. „Wir werden die Dinge
40 bald in Ordnung bringen, da bin ich sicher. Ich sehe, Sie sind heute Morgen
mit dem Zug in die Stadt gekommen." „Dann kennen Sie mich?" „Nein, aber
ich bemerke in Ihrer linken Hand die zweite Hälfte einer Rückfahrkarte. Sie
müssen früh aufgebrochen sein, und außerdem hatten Sie eine ziemlich
lange Fahrt in einem Einspänner über unwegsame Straßen, bevor Sie den
45 Bahnhof erreichten." Die Dame fuhr heftig zusammen und starrte meinen
Gefährten verblüfft an.

1 Unterstreiche alle Wörter, die du nicht kennst und kläre ihre Bedeutung.

2 Sherlock Holmes schafft es, den Ablauf zu rekonstruieren – warum? Kreuze die
richtige Antwort an.

☐ Weil er ein aufmerksamer Beobachter ist.

☐ Weil er schon früher als Watson mit der Frau gesprochen hat.

☐ Weil er die Frau schon am frühen Morgen gesehen hatte.

INFO
rekonstruieren
bedeutet nachvoll-
ziehen

3 Unterstreiche alle Informationen, die du über Watson, Sherlock Holmes und die
Klientin finden kannst. Verwende dazu drei unterschiedliche Farben.
Übertrage die Tabelle in dein Heft und trage die Informationen stichpunktartig
ein.

Sherlock Holmes	Dr. Watson	Klientin

4 Suche dir eine der Personen aus und beschreibe sie mit Hilfe der Informationen,
die du herausgearbeitet hast. Schreibe in dein Heft.
Welche Informationen fehlen für eine vollständigen Beschreibung der Person?

Die Merkmale einer Kriminalgeschichte kennen

Merkmale einer Kriminalgeschichte

Kriminalgeschichten haben einen **bestimmten Aufbau** und **Merkmale**, an denen man eine Kriminalgeschichte erkennen kann:
- Ein Verbrechen wird entdeckt.
- Ein Ermittler tritt auf und übernimmt den Fall.
- Die Spuren werden gesichert.
- Die Verdächtigen werden ermittelt und nach ihrem Alibi gefragt.
- Die Suche nach dem Motiv beginnt.
- Die Tat wird rekonstruiert (aufgedeckt, nachvollzogen).
- Der Täter/Die Täterin wird überführt.
- Die Personen, die in einem Krimi vorkommen, lassen sich einer bestimmten Kategorie zuordnen: Täter, Opfer, …

Die Leiche an der Garage

Die Glühbirne hing direkt über der hochgeklappten Motorhaube eines weißen Sportwagens. Durch die offenen Garagentore schien das schwache gelbe Licht in die Nacht und erleuchtete den Körper eines Mannes, bekleidet mit ölverschmierten Mokassins, schmierigem Wollhemd und schmutzigen
5 Jeans. Er hätte schlafen können, wenn nicht sein Schädel grausam eingeschlagen gewesen wäre.

„Roger Pratt, der prominente Playboy", sagte Inspektor Winters, „Mrs. Pratts Pflegerin hat das Ganze gesehen. Sie war es auch, die die Polizei benachrichtigt hat."

10 Im Haus wiederholte Berta Tone, die Pflegerin, ihre Geschichte für Dr. Haledjian.

„Ich war die ganze Nacht bei Mrs. Pratt. Mr. Pratt sagte, sie dürfe nicht allein gelassen werden. Es ging ihr sehr schlecht.

Gegen Mitternacht sah ich durch das Schlafzimmerfenster und sah Mr. Pratt
15 aus der Garage herauskommen. Eine Frau schlüpfte hinter diesen Büschen da hervor und schlug ihm mit einem Gegenstand auf den Kopf."

„Hat Mr. Pratt nicht gemerkt, dass sich die Angreiferin näherte?"
„Es passierte alles viel zu schnell. Als sich Mr. Pratt bückte, um sich die
Schuhe zuzubinden, sprang die Frau hinter ihm hervor. Ich glaube nicht,
dass er sie gesehen oder gehört hat. Ich rief sofort die Polizei vom Telefon
im Schlafzimmer aus an."
„Sie haben heute Nacht nicht das Haus verlassen?"
„Nein", antwortete die Pflegerin steif.
Die Aussage der Pflegerin wurde von Mrs. Pratt bestätigt: „Berta hat gegen
Mitternacht einen Anruf getätigt. Sie flüsterte, so dass ich nichts hören
konnte! Etwas später ging sie zur Haustür, weil es geläutet hatte. Ansonsten
hat sie mich nicht allein gelassen. Was hat das Mädchen angestellt?"
„Sie ging nach unten um die Tür für Inspektor Winters und mich zu öffnen",
sagte Haledjian, „und sie ist eine Mörderin!"

1 Was war falsch an der Geschichte der Pflegerin? Löse das Rätsel.

_____

_____

2 Gib an, wo die Merkmale einer Kriminalgeschichte im Text anzufinden sind.
Verwende dazu Zeilenangaben und notiere diese.

_____

_____

_____

3 Das Motiv ist in diesem Mordfall noch unklar. Überlege dir mögliche Gründe für
den Mord und notiere diese.

_____

_____

4 Setze die Geschichte fort, indem du unter anderem das Motiv beschreibst.
Schreibe in dein Heft.

5 Schreibe in die Tabelle Stichpunkte für eine eigene Kriminalgeschichte.

Art des Verbrechens	Der Ermittler	Die Verdächtigen	Das Motiv	Überführung des Täters	Rekonstruktion des Verbrechens	Weitere Personen

6 Formuliere nun deine Kriminalgeschichte aus und schreibe sie in dein Heft.

Teste dich selbst!

Die Merkmale einer Kriminalgeschichte kennen

Der italienische Lebensmittelhändler

Der Tod von Joseph Pastrono, ein Lebensmittelhändler, hätte als Selbstmord durchgehen können, wenn da nicht das scharfe Auge von Dr. Haledjian gewesen wäre. Pastrono war als neunjähriger Junge aus Italien nach Amerika gekommen. Seine Familie fing arm an, er hatte die Schule im
5 siebten Schuljahr verlassen, um zu arbeiten. Er hatte geheiratet und zwei Söhne groß gezogen. Trotz seiner begrenzten Bildung, las er jeden Tag die Nachrichten in einer italienischen Zeitung. Seine Leiche wurde über seinem Laden gefunden, in der ordentlichen Vier- Raum-Wohnung, wo er alleine gelebt hatte, seitdem seine Frau Anna vor einem Jahr gestorben war. Er hatte
10 sich offensichtlich mit dem Revolver erschossen, den er in seinem Laden zu seinem Schutz hatte. Die Polizei fand keinen Beleg für die Gerüchte, dass er seine Ersparnisse in der Wohnung versteckt hatte. Neben Pastronos Körper fand man einen Abschiedsbrief, laut Aussage seiner Söhne, in seiner eigenen Handschrift. Er lautete: „Ich bin müde und krank. Mein Körper
15 schmerzt mich jede Stunde am Tag. Die Ärzte sagen, dass man nichts tun kann; ich bin zu alt. Wäre ich zwanzig Jahre jünger, würde ich versuchen weiter zu machen. Aber meine Anna ist tot und meine beiden Söhne haben ihre eigenen Familien. Ich will ihnen nicht zur Last fallen. Das ist der einzige Weg. Der Herr möge mir vergeben." Haledjian legte den Brief nieder und
20 sagte, "Pastrono wurde ermordet!"

| /3 | **1** Lies den Text aufmerksam durch und schreibe stichwortartig an den Rand, was du über Pastrono erfährst. |

| /3 | **2** Welche Merkmale einer Kriminalgeschichte sind in diesem Text enthalten? Notiere die Merkmale auf den Linien. |

_____

_____

_____

_____

3 Notiere die fehlenden Merkmale und begründe, warum sie in der Geschichte nicht verwendet wurden.

/ 5

_____

_____

_____

_____

_____

4 Rekonstruiere den Tathergang. Übernehme dafür die Rolle des Ermittlers: Woher wusste Dr. Haledjian, das Patrone ermordet wurde?

/ 5

_____

_____

_____

_____

_____

5 Schreibe die Kriminalgeschichte so weiter, dass sich alle Merkmale darin befinden.

/ 5

_____

_____

_____

_____

_____

_____

_____

_____

_____

_____

Gesamt:

/ 21

Ein Bewerbungsschreiben verfassen

Sachliche Briefe schreiben

- In den **Briefkopf** schreibst du: Absender, Ort und Datum, Anschrift des Adressaten
- Du kannst eine **Betreffzeile** mit dem Thema deines Briefes einfügen.
- Am Ende des Briefes stehen ein **Gruß** und deine **Unterschrift**.
- Beachte, dass die **Anredepronomen *Sie, Ihr* in der Höflichkeitsform großgeschrieben** werden.

1 Simon soll ein Bewerbungsschreiben für das Schulpraktikum bei der Gärtnerei Tausendschön und Partner verfassen. Für ein solches Schreiben sollte man seine Stärken kennen. Simon hat dazu seine Eltern und Freunde befragt. Das haben sie gesagt:

- Simon gibt Nachhilfe und bleibt auch ruhig, wenn die Kleinen nicht immer alles direkt verstehen.
- Simon ist nicht nur auf dem Fußballfeld ein Teamplayer.
- Simon hat schon als Kind große Ausdauer bewiesen.
- Er ist höflich.
- Auf Simon ist immer Verlass.
- Er kann nicht verlieren.
- Simon kann anpacken.
- Simon geht immer offen auf alle Leute zu.
- Seine Vergesslichkeit bringt mich manchmal zur Weißglut.
- Simon verschläft oft.

Welche Fähigkeiten Simons stecken hinter diesen Aussagen? Schreibe seine Stärken in dein Heft.

2 Sollte Simon seine Schwächen im Gespräch alle offen darlegen? Wäge Pro und Contra ab und formuliere einen Tipp für Simon, wie er sich trotz seiner Fehler im Vorstellungsgespräch gut verkaufen kann.

_____

_____

_____

_____

_____

TIPP
Satzverknüpfungen, die Deinen Brief abwechslungsreicher gestalten können: Damit, aufgrund. Deswegen, im folgenden Verlauf, während

3 Schreibe in Simons Namen den Brief (Ich-Form!). Achte darauf, dass du nicht nur Hauptsätze aneinanderreihst, sondern sinnvolle Satzverknüpfungen erstellst. Schreibe in dein Heft.

Berichten und Beschreiben

10

Eine Vorgangsbeschreibung verfassen

Eine Vorgangsbeschreibung verfassen

- Schreibe im **Präsens** und verwende passende Fachbegriffe.
- Eine Vorgangsbeschreibung gliedert sich in drei Teile: Einleitung, Hauptteil und Schluss.
- **Beantworte** in der **Einleitung die W-Fragen** (Wer? Was? Wann? Wo? Welche Folgen?). Hier kannst du die Adressaten ansprechen.
- **Hauptteil**: Beschreibe die **Handlungsschritte** in der zeitlich **richtigen Abfolge** und verwende **Fachbegriffe**.
- Es ist möglich, dass du im **Schlussteil** eine **Stellungnahme** oder einen **Ausblick** schreibst oder das Ergebnis nennst.

1 Bilde aus den folgenden Satzteilen jeweils einen Aktiv- und Passivsatz.

Simon / erster Tag / Gärtnerei / Gummistiefel / benötigen

_____

_____

Er / gießen / langer Schlauch / Blumen / Gewächshaus

_____

_____

Von ihm / Blumenreste / bringen / Kompost / nach Frühstück

_____

_____

In die Gärtnerei / Rindenmulch / bringen / Bauer

_____

_____

Simon / nach Hause / am frühen Abend / bringen / von Auszubildenden

_____

_____

INFO

Aktiv und Passiv
Aktiv: handelnde Person im Vordergrund
→ *Ich backe Kuchen.*
Passiv: Objekt der Handlung im Vordergrund
→ *Der Kuchen wird von mir gebacken.*

Berichten und Beschreiben

2 Verknüpfe folgende Sätze sinnvoll miteinander. Nutze dazu Konjunktionen und / oder Adverbien.

deshalb
aber
dennoch
und
daher
doch

Die Blumen im Gewächshaus sind trocken. Sie müssen gegossen werden.

_____

Sein Chef ist sehr müde. Simon kocht ihm einen Kaffee.

_____

Das Telefon klingelt. Der Auszubildende geht dran. Es ist Simons Klassenlehrer.

_____

Er möchte morgen früh um 6 Uhr mit zum Großmarkt fahren. Simon geht schon um 9 Uhr schlafen.

_____

3 Die folgenden Bilder zeigen Simon bei der Arbeit. Bringe die Arbeitschritte in die richtige Reihenfolge. Nummeriere dazu die Bilder.

4 Erstelle anhand der Bilder eine Vorgangsbeschreibung im Passiv. Schreibe in dein Heft.

12

Einen ausführlichen Tagesbericht schreiben

Bericht

In einem Bericht solltest du auf folgende Arbeitsschritte achten:
- Antwort auf **W-Fragen geben**
  (Was? Wer? Wann? Wo? Wie? Wozu? Welche Folgen?)
- Halte die **chronologische Abfolge** ein.
- Verwende das **Präteritum**.
- Formuliere **knapp und informativ**.

Tagesbericht vom 13. März

Ich komme um 6.30 Uhr an meinem Praktikumsbetrieb, der Gärtnerei Tausendschön und Partner an. Dies wird ein aufregender Tag, denn es geht gleich los zum Großmarkt. Das hat mein Chef Herr Tausendschön mir schon seit Beginn des Praktikums versprochen! Wir nehmen den großen
5 Lieferwagen und machen uns auf den Weg. Ich bin beeindruckt von den zahlreichen Ständen mit tausenden von Blumen, von denen ich nur wenige kenne. Da wir etwas unter Zeitdruck stehen, beeilen wir uns die Einkaufsliste zügig abzuarbeiten und beladen den Wagen mit Rosen, Ranunkeln und Co. Um 9.00 Uhr kommen wir wieder an der Gärtnerei an und frühstücken
10 erst einmal. Nach dem Frühstück laden wir den Transporter aus. Einige Blumen müssen ins Gewächshaus, andere kühl gelagert werden und eine große Anzahl an Schnittblumen bringe ich in den Verkaufsraum der Gärtnerei. Da die Fensterscheiben des Gewächshauses stark vermoost sind, muss ich das Moos abkratzen und die Scheiben danach wischen. Darauf hab
15 ich überhaupt keine Lust und bin froh, als die Mittagspause um 12 Uhr beginnt. Nach dem Essen muss ich eine Lieferung für einen wirklich netten Kunden zusammenstellen. Im Verkaufsraum ist danach noch einiges zu tun. Frau Tausendschön, die Frau meines Chefs, zeigt mir, wie man Blumen zu richtigen Sträußen bindet. Es dauert eine Weile, bis ich den Dreh raus habe.
20 Am frühen Nachmittag liefere ich mit dem Fahrrad der Gärtnerei noch zwei Blumensträuße aus. Zurück in der Gärtnerei fege ich noch den Verkaufsraum und beende meinen Arbeitstag um 17 Uhr. Ich fühle mich glücklich, obwohl der Tag recht anstrengend war, und hoffe, dass Herr Tausendschön mir später eine Lehrstelle in seinem Betrieb anbietet.

1 Überprüfe, ob die Kriterien für einen Bericht eingehalten wurden und notiere deine Ergebnisse. Streiche überflüssige und unangemessene Informationen.

2 Simon liest nach seinem Praktikum einen Bericht seines Schulfreundes Timo. Leider hat Timo das falsche Tempus verwendet. Unterstreiche alle Verben und setze den Bericht in die richtige Zeitform.

Heute muss ich schon um 7.00 Uhr in der Backstube sein. Mein Chef Herr Mertens ist schon seit 4.00 Uhr hier.
Zunächst gebe ich alle Zutaten für die Brötchen in die Mischmaschine. Die ist sehr groß und erst gestern zeigt mir Herr Mertens, wie sie funktioniert.
5 Die Maschine braucht etwa 10 Minuten, um alle Zutaten zu einem glatten Teig zu verrühren.
Danach nehme ich den großen Teigballen und lege ihn auf den Holztisch. Jetzt muss ich viele kleine Brötchen daraus formen. Manche bestreue ich mit Sesam und andere mit Mohn.
Wenn die Brötchen fertig sind, schiebe ich sie in den großen Backofen. Nach
10 wenigen Minuten sind sie fertig. Die fertigen Brötchen bringe ich gleich in den Verkaufsraum. Dort sind mittlerweile auch schon die Verkäuferinnen angekommen. Ich helfe ihnen noch ein wenig, bis ich in der Backstube mit Herrn Mertens und dem Gesellen eine kleine Frühstückspause mache.
Danach beginnen wir damit, einige Tortenbestellungen anzufertigen. Ich
15 darf sogar einen Schriftzug auf eine Torte schreiben. Um 12.00 Uhr beginnen wir damit, die Backstube zu reinigen. Alles wird gefegt und für den nächsten Morgen bereitgestellt. Um 13.00 Uhr habe ich Feierabend.

Teste dich selbst!

Eine Vorgangsbeschreibung verfassen

1 Worauf muss bei einer Vorgangsbeschreibung geachtet werden? Notiere die Kriterien auf den vorgegebenen Linien. /6

_____
_____
_____
_____
_____
_____

2 Tobias hat in seinem Praktikum einen eigenen Tisch geschreinert. Dafür waren mehrere Arbeitsschritte notwendig. Schreibe anhand der Bilder eine Vorgangsbeschreibung. Die Bilder sind nicht in der richtigen Reihenfolge. /12

Gesamt: /18

15

Überzeugend argumentieren

> **! Schriftlich argumentieren**
>
> - Die Argumente werden durch **anschauliche Beispiele** überzeugend, z. B.:
>   *Sprachreisen, **wie z. B. nach England**, helfen die Fremdsprachenkenntnisse zu erweitern.*
> - Die Reihenfolge der Argumente solltest du so wählen, dass das **schwächste zu Beginn** und das **wichtigste als Letztes** ausgeführt wird.
> - Die **Argumentationskette** sollte durch sprachlich ausgestaltete Überleitungen verknüpft werden, z. B.:
>   *auch, außerdem, zweitens (drittens …), darüber hinaus, dazu kommt, dass …, nicht vergessen darf man, dass …, besonders wichtig ist, dass*

Definition: eine treffende Beschreibung

1 Versuche den Begriff „Schuluniform" zu definieren.

_____

_____

2 Um welches Thema geht es in der oben abgebildeten Karikatur? Kreuze an.

☐ Benehmen von Schülern gegenüber ihren Lehrern

☐ Umgangsformen

☐ Schuluniformen

☐ Sauberkeit auf dem Schulhof

3 Welche Meinung hast du zu dieser Frage? Formuliere sie in einem Satz.

_____

_____

4 Deine Meinung (= These) sollte mit einem passenden Argument begründet werden. Führe jetzt ein Argument aus, das deine Meinung stützt.

_____

_____

5 Ergänze dein Argument durch ein selbst gewähltes Beispiel.

_____

_____

6 a) Lies dir den Text aufmerksam durch und markiere in dem Artikel die Informationen, die für das Tragen einer Schuluniform sprechen.

**Neue Studie über Vor-und Nachteile von Schuluniformen:
Schuluniform: Gutes Klima in Gießen**

Gießen/Hamburg (rpo). Kein Neid, kein Spott, kein Gruppenzwang – wenn die Schüler in Hamburg-Sinstorf zur Schule gehen, sehen sie alle gleich aus. Dass so das Schulklima verbessert wird, daran glaubt dort nicht nur der Schulleiter Klaus Damian. Je nach

5 Jahreszeit tragen die Schüler der Haupt- und Realschule Hamburg-Sinstorf einen blauen Pulli oder ein T-Shirt mit dem Schullogo auf der Brust. Dass die Schuluniform dem sozialen Miteinander im Klassenzimmer gut tut, davon sind Schüler und Lehrer der Schule schon lange überzeugt. Ihre Ansicht wird nun auch von einer

10 Studie der Universität Gießen untermauert. Der Psychologe Oliver Dickhäuser hat Schüler aus Sinstorf mit denen einer anderen vergleichbaren Hamburger Schule ohne Uniformen verglichen. In Fragebögen bewerteten die Schüler das Miteinander in der Schule und beschrieben ihre persönliche Einstellung zu ihren Mitschülern.

15 Dabei machte der Gießener Forscher gerade bei den älteren Schülern positive Auswirkungen der Einheitskleidung aus: „In den siebten und achten Klassen zeigt sich bei den Trägern einheitlicher Pullis ein besseres Sozialklima." Schulleiter Damian wundert das nicht: „Unsere Schüler wissen, dass es auf die Kleidung nicht ankommt. Sie achten mehr

20 auf den Charakter ihrer Mitschüler." Schüler aus den Uniform-Klassen erklärten der Befragung zufolge auch, dass sie sich in der Schule besser konzentrieren könnten. „Und sie legen in der Tendenz mehr Wert auf ein tiefes Verständnis der Lerninhalte", sagt Dickhäuser.

b) Schreibe drei vollständige Argumente (jeweils mit Beispiel) auf.

_____

_____

c) Erstelle einen Schreibplan in deinem Heft und schreibe deine Argumentation.

Einleitung und Schluss einer Erörterung schreiben

Einleitung und Schluss schreiben

Die **Einleitung** hat zwei Bestandteile:
- Die **Hinführung** soll das Interesse des Lesers wecken und ihn gedanklich auf das Thema einstimmen. Dazu gibt es mehrere Möglichkeiten: ein aktueller Anlass/ein geschichtlicher Rückblick, eine Definition eines Kernbegriffs des Themas, ein persönliches Erlebnis
- Nach der Einleitung nennst du die **Diskussionsfrage**, die dann im Hauptteil mit **Argumenten** und **Beispielen** weiter erörtert wird.
- Die Einleitung sollte neutral und informativ sein.

Möglichkeiten für einen **Schluss**:
- Im Schlussteil ziehst du ein Fazit. Dazu gibt es wieder mehrere Möglichkeiten:
  - eine Zusammenfassung der Argumente
  - deine eigene Meinung (mit evtl. Einschränkungen, Bedingungen)
  - ein Ausblick

TIPP
Die Einleitung soll keine Argumente aus dem Hauptteil vorwegnehmen. Formuliere die Einleitung sachlich und vermeide hier eigene Wertungen.

1 Bestimme die Art der Einleitung.

Mit dem Beginn des Schuljahres wird jedes Jahr die Diskussion um angemessene Kleidung in der Schule und das Für und Wider von Schuluniformen angeregt.

Eltern von Kindern in der Pubertät werden das kennen: Diskussionen um die elementare Bedeutung der richtigen Kleidung: „Alle in meiner Klasse haben aber diese Schuhe." ist ein beliebter Satz von Teenagern.

Der Begriff *Uniform* hat seine Wurzeln im Lateinischen und Französischen und bedeutet einheitlich. Mit einer Schuluniform wird der Wunsch verbunden, durch einheitliche Kleidung allen Schülerinnen und Schülern auch einheitliche Chancen zu geben, in der Schule zu lernen.

2 a) Schreibe eine passende Einleitung zum Thema „Schuluniformen" in dein Heft.

b) Schreibe eine weitere passende Einleitung zum Thema „Schuluniformen" in dein Heft, bei der du einen anderen Hinführungsgedanken wählst.

3 Gestalte nun einen passenden Schluss. Schreibe in dein Heft.

4 Folgende Einleitung zum Thema „Was spricht für und was dagegen, Schuluniformen auch in Deutschlands Schulen einzuführen?" ist nicht gelungen. Überlege, welche Fehler gemacht wurden und schreibe diese auf die Linien am Rand. Schreibe anschließend eine verbesserte Einleitung.

Viele Schüler sind gegen Schuluniformen, ich halte auch nichts davon. Dennoch wird uns Schülern das Thema immer wieder aufgedrängt. Dabei wird gerne vergessen, dass viele Eltern gar nicht das Geld haben um diese Kleidung zusätzlich zu bezahlen. Ich möchte daher erörtern, welche Argumente für und welche gegen die Einführung von Schuluniformen sprechen könnten.

Verbesserung:

_____

_____

_____

_____

5 Folgender Schluss findet sich in dem Aufsatz zum gleichen Thema wie oben. Überlege auch hier, welche Fehler gemacht wurden und schreibe diese auf die Linien am Rand. Schreibe einen verbesserten Schluss.

Zum Schluss möchte ich bemerken, dass man die Sache natürlich so oder so sehen kann. Gar nicht erwähnt habe ich noch das Argument vieler Lehrer,die meinen solche Uniformen würden das Schulklima verbessern. Das stimmt aber nicht! Bloß weil alle gleich aussehen, verstehen sie sich nicht automatisch besser. Das ist also kein Argument, das zählt. Im Endeffekt muss also jeder für sich selbst entscheiden.

Verbesserung:

_____

_____

_____

_____

6 Schreibe nun selber einen passenden Schluss zum Thema „Schuluniformen". Schreibe in dein Heft.

Eigene Texte überarbeiten

> **In einer schriftlichen Argumentation solltest du auf Folgendes achten:**
> - keine Umgangssprache
> - vollständige Sätze
> - Nimm speziell zum Thema Stellung.
> - Verbinde Sätze wo möglich und bilde Satzgefüge.
> - Vermeide sprachliche Wiederholungen.
> - Schreibe sachlich.

1 Versuche für den Begriff „Schuluniform" möglichst viele ähnliche Ausdrücke oder passende Umschreibungen zu finden.

2 Welche Fehler werden hier gemacht? Streiche die fehlerhaften Ausdrücke an, notiere am Rand, was falsch gemacht wurde, und verbessere in deinem Heft.

Fehler:

„Schuluniformen sind doch echt uncool. Ich kenne keinen, der so etwas anziehen würde. Mit so Klamotten blamiert man sich doch nur und wird zum Gespött der Leute oder ist das Opfer, wenn man im Bus oder U-Bahn auf Schüler/-innen aus anderen Schulen trifft, die so einen Quatsch erst gar nicht eingeführt haben."

Fehler:

„Die Idee, Schuluniformen einzuführen, finde ich sehr unterstützenswert. Schüler/-innen werden oft ausgegrenzt. Durch Schuluniformen kann es vermieden werden. Manche Schüler/-innen können sich teure Markenkleidung leisten. Sie geben auch oft damit an. Andere Schüler/-innen können sich diese Markenkleidung nicht leisten. Auf sie wird dann herabgeschaut. Manchmal werden diese Schüler/-innen auch regelrecht gemobbt. Sie gelten dann als Außenseiter. Schuluniformen können hier dazu beitragen, dass dies so nicht passieren kann. Denn dann haben alle das Gleiche an."

Teste dich selbst!

Eine schriftliche Argumentation verfassen

1 Suche für den Audsruck „Nachhilfe" mindestens vier passende andere Ausdrücke oder sprachliche Umschreibungen und trage sie hier ein.

/ 4

Nachhilfe

2 Verbessere die sprachlichen Fehler in den nachfolgenden Sätzen.

/ 4

Immer mehr Schüler/innen brauchen Nachhilfe, weil viele Lehrkräfte nichts draufhaben und null erklären können.

Viele Eltern haben Stress in der Arbeit und abends keinen Bock darauf, sich mit den Schulaufgaben ihrer Kinder rumzuärgern, die die nicht kapiert haben.

3 Verknüpfe die Ausdrücke (1) und (2) so miteinander, dass Satzgefüge mit Kausalsätzen entstehen.

/ 4

(1) Nachhilfe nimmt zu. (2) Viele Schüler/innen können sich im Unterricht zu wenig konzentrieren.

(1) Viele Schüler/innen bekommen Nachhilfe. (2) Die Eltern wollen, dass ihre Kinder einen guten Abschluss schaffen.

4 Verfasse eine Stellungnahme zum Thema „Warum benötigen immer mehr Schüler und Schülerinnen Nachhilfe?". Schreibe in dein Heft.

/ 4

Gesamt:

/ 16

Schriftlich Stellung nehmen

21

Ein Diagramm auswerten

> **Ein Diagramm auswerten**
>
> Beim Auswerten eines Diagramms solltest du folgende Schritte beachten:
> - Welche **Art von Darstellung** wurde gewählt (siehe innere Umschlagseite vorn im Heft: Balkendiagramm, Säulendiagramm, Kurvendiagramm, Kreisdiagramm)?
> - Was ist das **Thema** des Schaubildes? Lies dann die Überschrift.
> - Beschreibe, welche Informationen gegeben werden.
> - **Vergleiche die Angaben**, die im Schaubild gemacht werden.
> - Versuche, eine **zusammenfassende Aussage** zu finden.

Was für eine berufliche Ausbildung absolvieren Sie?

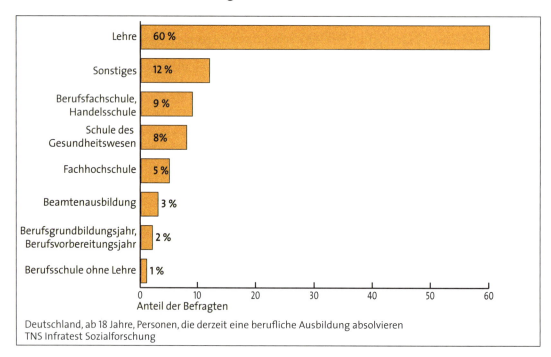

Deutschland, ab 18 Jahre, Personen, die derzeit eine berufliche Ausbildung absolvieren
TNS Infratest Sozialforschung

1 Wie heißt diese Art von grafischer Darstellung?

2 Formuliere die wesentlichen Aussagen der Statistik in ganzen Sätzen.

> *mehr als die Hälfte – knapp 10 Prozent – eine Lehre absolvieren – einen Beruf erlernen – in Ausbildung sein – eine ... Schule besuchen – zur ... Schule gehen*

3 Wer wurde befragt? Erkläre, welchen Einfluss dies auf die Ergebnisse hat. Schreibe in dein Heft.

Informative Sachtexte lesen und verstehen

> **Sachtexten Informationen entnehmen**
> - **Lies die Überschrift** und **betrachte die Abbildungen**.
> - Stelle **Vermutungen** zum Inhalt an.
> - **Lies den Text. Überprüfe deine Vermutungen** und benenne das Thema.
> - **Kläre unbekannte Wörter**.
> - **Gliedere** den Text in Abschnitte. Suche Überschriften.
> - **Stelle W-Fragen** und beantworte sie.

1 Lies die Überschrift und betrachte das Bild. Worum geht es in dem Text?

Berufsbild: Entwickler für Computerspiele

Spieleentwickler zu werden – das ist der Traum von vielen Computerspiel-Fans. Was viele nicht wissen: Bis ein Computer- oder Konsolenspiel fertig gestellt ist, haben eine Menge Menschen mit ganz unterschiedlichen Berufen aus vielen verschiedenen Abteilungen daran gearbeitet.
5 Zuerst beschäftigen sich die Game-Designer mit einem Spiel. Sie überlegen die Grundlagen und die Spielregeln. Wo soll das Spiel stattfinden? Was sind die unterschiedlichen Levels und Stationen, die der Spieler im Spiel durchlaufen muss? Und was ist das Ziel des Spieles?
Die Arbeit eines Game-Designers muss man sich in etwa so vorstellen, wie
10 die Arbeit eines Regisseurs beim Film. Der Game-Designer entwickelt das Konzept, hat den Überblick über das Spiel und weiß genau, wie es umgesetzt werden muss. Nur, dass er damit nicht alleine beschäftigt ist: Ihm steht ein ganzes Team aus Grafikern und Game-Developern zur Seite. Die Grafiker etwa entwerfen das Aussehen des Spieles. Je nach Art des Spiels
15 kann es sein, dass sehr viele Grafiker mit einzelnen Details beschäftigt sind. So werden beispielsweise Häuser, Menschen, Tiere oder Landschaften entworfen und bekommen ein ganz eigenes, an das Grunddesign des Spiels angepasstes Aussehen.
Sind die Grafiker mit ihrer Arbeit fertig und steht der Spielablauf,
20 übernehmen die Game-Developer. Übersetzt heißt „Game-Developer" eigentlich „Spieleentwickler". Sie sind für die technische Umsetzung des Spieldesigns verantwortlich. Nach der Vorgabe der Game-Designer und den Vorlagen der Grafiker programmieren sie die virtuellen Welten und lassen so das Spiel entstehen.

2 Markiere die folgenden Wörter im Text und notiere eine Worterklärung. Arbeite mit dem Wörterbuch und schreibe in dein Heft.

*die Konsole   das Konzept   der/das Level   der Regisseur/die Regisseurin
das Detail   das Design   virtuell*

3 Für einen Vortrag sollen die Informationen des Textes übersichtlich präsentiert werden.

a) Suche die für die Grafik wichtigen Informationen und markiere sie im Text.

b) Vervollständige die Grafik.

So entsteht ein Computerspiel

4 Tom überfliegt den Artikel und sagt: „Mist, da muss man ja studieren, dann kann ich das eh nicht werden."

a) Lies genau und markiere mit unterschiedlichen Farben die verschiedenen Möglichkeiten, die es gibt, diesen Beruf ohne Studium zu erlernen.

b) Schreibe auf, was du für Tom herausgefunden hast:

Tom, du kannst _____

_____

_____

_____

5 Wie unterscheiden sich die beiden Berufe, welche unterschiedlichen Aufgaben umfassen sie? Trage die Unterschiede in die Tabelle ein.

Game Designer	Developer

Einen wertenden Zeitungstext erkennen

> **Merkmale eines wertenden Zeitungstextes**
>
> Es gibt verschiedene Formen von wertenden Zeitungstexten.
> - Ein **Kommentar** gibt neben sachlichen Informationen auch die **Meinung** des Autors wieder.
> - In einem **Leserbrief** nimmt der Autor/die Autorin persönlich Stellung zu einem Thema.
> - In einer **Rezension** äußert der Autor/die Autorin seine persönliche Meinung zu einem Buch, einem Film o. Ä.

1 Lies den folgenden Text aufmerksam und bestimme die Textsorte.

Jury blamiert sich mit „Anno 1404"

Das Game „Anno 1404" hätte den Deutschen Computerspielpreis nicht gewinnen dürfen. Der Sieg zeigt, dass er ein politischer Preis ist.

Der Preis ist verliehen, die Jury blamiert: Anno 1404 hätte nach
5 den formalen Vorgaben des Deutschen Computerspielpreises nicht das „Beste Internationale Spiel" werden dürfen – und ein verdienter Gewinner ist leer ausgegangen. Der Einfluss von Politik und vermeintlichen Jugendschützern auf den Deutschen Computerspielpreis ist viel zu hoch, Qualität spielt keine Rolle.
10 Glückwunsch an die Jugendschutzindustrie zu diesem tollen Preis und der gelungenen Verleihung mit Stars aus Politik, Film und Fernsehen. Es gab ja auch viel zu feiern: Schon zum zweiten Mal wurden pädagogisch wertvolle Produkte ausgezeichnet. Gewaltfreie, für Kinder und Jugendliche gleichermaßen geeignete Unter-
15 haltungsangebote. Ein klasse Abend war das! Und Staatsminister Bernd Neumann trifft den Punkt, wenn er sagt, dass der „Preis in der Computerspielszene angckommen ist." Moment – Computerspiele? Ging es bei der Preisverleihung zum Deutschen Computerspielpreis wirklich um Computerspiele? Wer sich die Preisverleihung angeschaut und die Reden angehört
20 hat, der wird so gut wie keine Schnittmengen zu den realen Computerspielern im Lande finden. Bei ihnen gibt es für den Preis bestenfalls Gleichgültigkeit, meistens aber Spott und Häme. Besonders deutlich wird dies angesichts der Entscheidung, Anno 1404 auch als „Bestes Internationales Spiel" auszuzeichnen. Anno 1404 ist klasse, keine Frage. Aber es ist nicht das
25 beste internationale Spiel des vergangenen Jahres. Wenn ein nominiertes Uncharted 2 – was nach Auffassung vieler Beobachter eigentlich den Sieg verdient hätte – nur deshalb nicht gewinnt, weil den Politikern und Jugendschützern in der Jury zu viel Gewalt enthalten ist, dann verfügen diese Jurymitglieder über keinerlei Affinität zu Computerspielen oder gar der
30 Szene. Gewalt steht in Uncharted 2 nicht im Mittelpunkt, das Spiel ist ein spannendes Abenteuer, das ohne Brutalität auskommt. Unter den nominierten Titeln hätte es gewinnen müssen.

Im Übrigen hat die Jury es nicht einmal geschafft, die formalen Vorgaben des Preises korrekt umzusetzen. Die Anforderungen an das „Beste internati-
35 onale Spiel" lauten laut offizieller Webseite: „Jeder Verband kann jeweils bis zu drei im Ausland hergestellte Spiele für diese Kategorie vorschlagen." Anno 1404 wurde aber nicht im Ausland, sondern in Deutschland entwickelt, das weiß eigentlich jeder, und ansonsten hätte es auch nicht den Preis als „Bestes Deutsches Spiel" gewinnen können. Aber auch aus
40 weniger formaler Sicht hat die Jury dem Preis geschadet: Inzwischen haben alle Beobachter festgestellt, dass Spiele offenbar in erster Linie nach dem Kriterium „auf jeden Fall gewaltfrei" ausgezeichnet werden. Spaß oder Innovation spielen so gut wie keine Rolle.

2 Kreuze korrekte Aussagen zum Text an und korrigiere falsche.

☐ Anno 1404 ist ein miserables Spiel.

_____

☐ Die Computerszene ist stolz auf den Preis.

_____

☐ Das beste deutsche Spiel hat den Preis gewonnen.

_____

☐ Die Mitglieder der Jury haben kein besonderes Interesse an Computerspielen.

_____

☐ Die Preisverleihung war ein tolles Medienereignis.

_____

3 Der Autor kritisiert, dass die formalen Vorgaben nicht eingehalten wurden. Wie belegt er das?

_____

_____

4 Was ist für den Autor besonders wichtig, um den Preis zu gewinnen?

_____

_____

_____

5 Schreibe eine eigene Rezension/Kritik zu einem Spiel oder Buch, das dir gefällt. Schreibe in dein Heft.

Teste dich selbst!

Einem Schaubild Informationen entnehmen

Verändert die Mediennutzung unsere Kommunikation?

Affinität zu verschiedenen Kommunikationskanälen						
	Bevölkerung insgesamt	Altersgruppen				
		18–19 Jahre	20–29 Jahre	30–44 Jahre	45–59 Jahre	60 Jahre u. älter
	%	%	%	%	%	%
Für mich ist ein persönliches Gespräch die angenehmere Form, um mich mit anderen auszutauschen.	63	36	51	65	70	69
Ich telefonieren gerne ausgiebig.	31	52	35	32	27	25
Ich schreibe gerne E-Mails.	17	47	28	23	13	3
Ich chatte gern im Internet.	15	67	33	14	7	2
Wenn ich Freunden etwas mitteilen möchte, schreibe ich am liebsten eine SMS.	15	52	32	16	8	2
Ich schreibe gerne Briefe.	14	11	11	10	13	20

1 Ordne die angegebenen Kommunikationsformen in die Tabelle ein. / 3

Mündliche Kommunikation	Schriftliche Kommunikation

2 a) Vergleiche junge und alte Menschen: Welche Kommunikationsform wird bevorzugt? / 4

_____

_____

b) Suche eine Erklärung für dein Ergebnis.

_____

_____

3 „Junge Leute schreiben nicht mehr!" Überprüfe diese Behauptung und belege dein Urteil. Schreibe in dein Heft.

/ 4

Gesamt: / 11

Sachtexte lesen und verstehen

Einen literarischen Text erschließen

Einen literarischen Text erschließen

Folgende Schritte helfen dir, den Text zu verstehen:
- Die **Handlung klären**: äußere und innere Handlung unterscheiden
- Die **Personen charakterisieren**: ihre Motive erkennen und ihr Verhalten verstehen
- Die **Figurenskizze**: Wie stehen die Figuren zueinander?
- **Sprachliche Besonderheiten** untersuchen
- Dem **Text eine Aussage** geben: Wie verstehe ich den Text?

Britta Dubber

Schlussfolgerungen

Ich erkannte sie sofort. Sie hatte sich kaum verändert. Unentschlossen blieb ich im Eingangsbereich stehen und starrte sie an. Sie wickelte einer grauhaarigen Dame gerade Lockenwickler ins Haar, ab und zu sah und hörte ich sie lachen. Ein herzhaftes Lachen, das beinahe ansteckend
5 wirkte. Ich kannte es noch von früher.
An Vieles konnte ich mich nicht mehr erinnern, aber ihr Lachen war mir im Gedächtnis geblieben. Kurz nachdem sie uns verlassen hatte, war für lange Zeit ihr Lachen in meinen Träumen ertönt. Aber ich hatte nie ihr Gesicht dazu gesehen. Damals hatten mich die Träume geängstigt und ich hatte mir
10 jeden Abend vor dem Schlafengehen ein Foto von ihr angeguckt, weil ich Angst hatte, ihr Gesicht zu vergessen. Irgendwann war ihr Lachen verschwunden.
Ich zuckte zusammen, als sie in meine Richtung blickte, aber sie schien mich nicht erkannt zu haben. Sie rief ihrer Kollegin an der Kasse etwas zu,
15 dann widmete sie sich wieder ihrer Kundin.
Sie trug immer noch eine blonde Kurzhaarfrisur und wie früher war sie ganz in Schwarz gekleidet. „Die Farbe macht Mama schlank", hatte sie mir einmal geantwortet, als ich wissen wollte, weshalb sie immer nur dunkle Kleidung trug. Damals war ich fünf gewesen und kurz darauf hatte sie uns verlassen.
20 Ob sie mich wiedererkennen würde? Immerhin waren fast zwanzig Jahre vergangen. Aus einer tollpatschigen Fünfjährigen war eine ehrgeizige, erfolgreiche Geschäftsfrau geworden.
„Was kann ich für Sie tun?"
Eine junge Frau mit knallroten Rastalocken riss mich aus meinen Gedanken.
25 Ich fuhr zusammen und lächelte nervös.
„Ich ... ich möchte von Margarethe Schmidt bedient werden", sagte ich und war mir noch nicht einmal sicher, ob ich das auch wirklich wollte.
Die junge Frau, ein Lehrling vermutete ich, lächelte mir freundlich zu, dann führte sie mich zu einer kleinen Sitzecke, die gleich neben der Kasse war.
30 „Frau Schmidt ist völlig ausgebucht heute, aber vielleicht kann eine meiner Kolleginnen Ihnen weiterhelfen? Sie können auch warten, aber das kann lange dauern. Oder Sie machen einen Termin", sagte sie mit glockenheller Stimme.
„Ich weiß nicht", sagte ich unentschlossen und setzte mich auf einen der
35 Metallstühle. Wollte ich meiner Mutter wirklich nach all den Jahren gegen-

übertreten? Wollte ich sie und vor allem mich mit der Vergangenheit konfrontieren?

„Ich warte einfach", sagte ich.

Die Rothaarige lächelte mir kurz zu, nickte und rauschte dann davon. Kurze Zeit später sah ich sie an der Kasse, wie sie mit einer älteren Kollegin sprach, die mehrmals in meine Richtung blickte.

Vermutlich hatte ich einen verwirrten Eindruck gemacht, aber das war mir egal. Mich hatte noch nie interessiert, was andere Leute von mir hielten oder über mich dachten.

Ich griff nach einer Modezeitschrift, die auf dem Glastisch vor mir lag, und blätterte darin, doch meine Gedanken drehten sich ununterbrochen um meine Mutter, so legte ich die Zeitschrift wieder beiseite und begann, mich im Laden umzusehen.

Der Friseursalon sah aus wie jeder andere, viele Poster von schönen Menschen mit schicken modischen Frisuren hingen an den Wänden.

Ich betrachtete gerade intensiv das Bild einer jungen Frau mit einem blonden Pagenkopf, welches neben der Eingangstür hing, als meine Mutter von der Rothaarigen an die Kasse gerufen wurde.

„Telefon, es ist dein Mann", sagte sie, als sie ihr den Hörer in die Hand drückte.

Ich rutschte unruhig auf meinem Stuhl hin und her. Sie war verheiratet. Diese Möglichkeit hatte ich gar nicht berücksichtigt.

Aber was hatte ich denn erwartet? Sie war eine attraktive Frau, die uns mit Sicherheit nicht verlassen hatte, um ein klösterliches Leben zu führen. Hatte sie weitere Kinder?

„Du kannst doch auch mal einkaufen gehen, warum soll ich denn alles machen?", schrie sie plötzlich.

Ich blickte auf den Boden. Mir war die Situation auf einmal unangenehm. Was erwartete ich überhaupt? Eine Versöhnung? Nein, ich wollte meine Fragen beantwortet haben.

Aber wollte ich das wirklich? Was, wenn mir die Antworten nicht gefielen?

„Ich arbeite hart, während du auf der faulen Haut liegst. Ist es da zu viel verlangt, dass du etwas im Haushalt mithilfst?", schrie sie weiter in den Hörer.

Ihr Mann ist vermutlich arbeitslos, vielleicht Alkoholiker, ging es mir durch den Kopf. Und sie ist diejenige, die das Geld nach Hause bringt, welches er vermutlich versäuft oder verspielt. Vielleicht schlägt er sie sogar.

Ich sah zu ihr rüber. Sie hatte tiefe Ringe unter den Augen und ihr Teint war sehr blass.

Was für ein Leben, dachte ich, und empfand auf einmal Mitleid.

Sie war eine hart arbeitende Friseuse. Der Beruf wurde nicht gerade gut bezahlt, zudem schien ihr Mann ein fauler Sack zu sein.

Ich stand auf und ging zur Tür.

Ich hatte genug Antworten gefunden. Für mich spielte es keine Rolle mehr, warum sie uns verlassen hatte. Mir war klar geworden, dass das für mich nicht mehr von Bedeutung war. Vielleicht war es nie von Wichtigkeit gewesen. Vielleicht hatte ich sie einfach nur sehen wollen.

Als ich den Salon verließt, empfand ich plötzlich ein unglaubliches Gefühl der Erleichterung.

Ich hatte mit meiner Vergangenheit abgeschlossen. Ich fühlte mich frei.
„Wo ist denn die Kundin hin, diese große Blonde, die in der Warteecke gesessen hatte?", fragte Margarethe, als sie den Anruf beendet hatte.
90 Die Rothaarige zuckte mit den Schultern. „Keine Ahnung. Sie wollte von der Chefin persönlich bedient werden", erwiderte sie in hochgestochenem Tonfall. „Ich habe ihr gesagt, dass du zu tun hast und es lange dauern kann. Vermutlich war ihr die Zeit zu lang geworden."
Margarethe grunzte: „Da ist sie nicht die Einzige. Herbert wird die Zeit in
95 seinem Urlaub auch zu lang. Ist das zu fassen, da arbeitet er sechs Tage die Woche als Filialleiter eines Supermarktes, aber einkaufen während seines Urlaubs, das kann er nicht!", sagte sie und schüttelte ungläubig den Kopf.

1 Lies den Text aufmerksam und notiere deine ersten Eindrücke.
Schreibe in dein Heft.

2 a) Benenne die zwei Hauptfiguren: _____ _____

b) Unterstreiche wichtige Informationen zu den beiden Hauptpersonen. Verwende für jede Person eine eigene Farbe.

c) Fasse (in deinem Heft) zusammen, was du über die zwei Figuren erfährst.
Z. B.: Margarete Schmidt trägt gerne schwarze Kleidung und hat kurzes, blondes Haar

3 Ergänze die Figurenskizze. Zeichne Pfeile und benenne die Beziehungen.

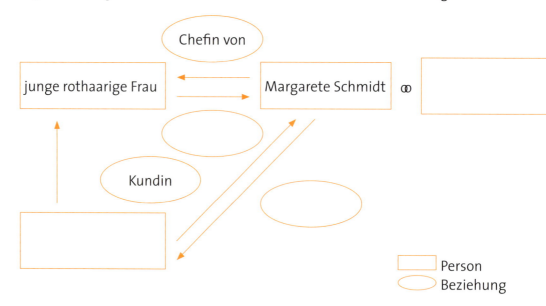

4 a) Untersuche die innere Handlung bei der Figur der Ich Erzählerin. Schreibe alle sieben Fragen, die sie sich selbst stellt, heraus.

Ob sie mich wiedererkennen würde? _____

_____

_____

_____

Literarische Texte lesen

b) Von dem Verhalten einer Figur (äußere Handlung) kann man auf die innere Handlung, ihre Gefühle, schließen. Fülle die Tabelle aus.

äußere Handlung	innere Handlung
Z.45 Ich griff nach einer Modezeitschrift [...] blätterte darin [...] legte [...] die Zeitschrift wieder beseite.	
Z.56 Ich rutschte unruhig auf dem Stuhl hin und her.	
Z.63 Ich blickte auf den Boden.	„Mir war die Situation auf einmal unangenehm" → Sie fühlt sich unwohl, es ist ihr peinlich, das Gespräch mitzuhören.

5 Welcher Teil der Geschichte wird nicht aus der Perspektive der Ich-Erzählerin beschrieben? Welchen Vorteil bietet der Perspektivwechsel?

Zeilenangabe: _____

Inhalt: _____

Vorteil: _____

6 Erläutere die bildhaften Ausdrücke, indem du Umschreibungen findest:

Ich zuckte zusammen, als sie in meine Richtung blickte. (Z.3)

ich erschrak sehr, ich hatte Angst, dass sie mich ... _____

Eine junge Frau [...] riss mich aus meinen Gedanken. (Z.24)

_____

Ich fuhr zusammen und lächelte nervös. (Z.25)

_____

Meine Gedanken drehten sich ununterbrochen um meine Mutter. (Z.46)

_____

7 „Ich hatte mit meiner Vergangenheit abgeschlossen. Ich fühlte mich frei." (Z.85)

a) Erkläre, wie es bei der Ich-Erzählerin zu diesem Gefühl kommt.

_____

b) Nimm Stellung: Kannst du dieses Gefühl nachvollziehen oder siehst du die Situation anders? Schreibe in dein Heft.

Literarische Texte lesen

Teste dich selbst!

Einen literarischen Text erschließen

Reiner Kunze
Fünfzehn

Sie trägt einen Rock, den kann man nicht beschreiben, denn schon ein einziges Wort wäre zu lang. Ihr Schal dagegen ähnelt einer Doppelschleppe: lässig um den Hals geworfen, fällt er in ganzer Breite über Schienbein und Wade. (Am liebsten hätte sie einen Schal, an dem mindestens drei
5 Großmütter zweieinhalb Jahre gestrickt haben – eine Art Niagara-Fall aus Wolle. Ich glaube, von einem solchen Schal würde sie behaupten, daß er genau ihrem Lebensgefühl entspricht. Doch wer hat vor zweieinhalb Jahren wissen können, daß solche Schals heute Mode sein würden.) Zum Schal trägt sie Tennisschuhe, auf denen sich jeder ihrer Freunde und jede ihrer
10 Freundinnen unterschrieben haben. Sie ist fünfzehn Jahre alt und gibt nichts auf die Meinung uralter Leute – das sind alle Leute über dreißig. Könnte einer von ihnen sie verstehen, selbst wenn er sich bemühen würde? Ich bin über dreißig. Wenn sie Musik hört, vibrieren noch im übernächsten Zimmer die Türfüllungen. Ich weiß, diese Lautstärke bedeutet für sie
15 Lustgewinn. Teilbefriedigung ihres Bedürfnisses nach Protest. Überschallverdrängung unangenehmer logischer Schlüsse. Trance. Dennoch ertappe ich mich immer wieder bei einer Kurzschlußreaktion: ich spüre plötzlich den Drang in mir, sie zu bitten, das Radio leiser zu stellen. Wie also könnte ich sie verstehen – bei diesem Nervensystem? Noch hinderlicher ist die
20 Neigung, allzu hochragende Gedanken erden zu wollen. Auf den Möbeln ihres Zimmers flockt der Staub. Unter ihrem Bett wallt er. Dazwischen liegen Haarklemmen, ein Taschenspiegel, Knautschlackederreste, Schnellhefter, Apfelstiele, ein Plastikbeutel mit der Aufschrift „Der Duft der großen weiten Welt", angelesene und übereinandergestülpte Bücher (Hesse, Karl May,
25 Hölderlin), Jeans mit in sich gekehrten Hosenbeinen, halb- und dreiviertel gewendete Pullover, Strumpfhosen, Nylon und benutzte Taschentücher. (Die Ausläufer dieser Hügellandschaft erstrecken sich bis ins Bad und in die Küche.) Ich weiß: Sie will sich nicht den Nichtigkeiten des Lebens ausliefern. Sie fürchtet die Einengung des Blicks, des Geistes. Sie fürchtet die
30 Abstumpfung der Seele durch Wiederholung! Außerdem wägt sie die Tätigkeiten gegeneinander ab nach dem Maß an Unlustgefühlen, das mit ihnen verbunden sein könnte, und betrachtet es als Ausdruck persönlicher Freiheit, die unlustintensiveren zu ignorieren. Doch nicht nur, daß ich ab und zu heimlich ihr Zimmer wische, um ihre Mutter vor Herzkrämpfen zu
35 bewahren, – ich muß mich auch der Versuchung erwehren, diese Nichtigkeiten ins Blickfeld zu rücken und auf die Ausbildung innerer Zwänge hinzuwirken. Einmal bin ich dieser Versuchung erlegen. Sie ekelt sich schrecklich vor Spinnen. Also sage ich: „Unter deinem Bett waren zwei Spinnennester." Ihre mit lila Augentusche nachgedunkelten Lider
40 verschwanden hinter den hervortretenden Augäpfeln, und sie begann „Iix! Ääx! Uh!" zu rufen, so daß ihre Englischlehrerin, wäre sie zugegen gewesen, von soviel Kehlkopfknacklauten – englisch „glottal stops" – ohnmächtig

geworden wäre. „Und warum bauen die ihre Nester gerade bei mir unterm
Bett?" „Dort werden sie nicht oft gestört." Direkter wollte ich nicht werden,
45 und sie ist intelligent. Am Abend hatte sie ihr inneres Gleichgewicht wieder-
gewonnen. Im Bett liegend, machte sie einen fast überlegenen Eindruck.
Ihre Hausschuhe standen auf dem Klavier. „Die stelle ich jetzt immer
dorthin", sagt sie. „Damit keine Spinnen hineinkriechen können." R

Lies den Text aufmerksam.

1 Der Erzähler stellt sich selbst zwei Fragen. Schreibe diese heraus und erkläre ihre | / 4
Bedeutung für diese Geschichte.

_____

_____

_____

_____

2 Beim Thema „Musik hören" und „Aufräumen" sieht man, dass der Erzähler nach | / 6
Erklärungen für das Verhalten des Mädchens sucht.

a) Markiere diese Erklärungen im Text.

b) Warum sucht er solche Erklärungen? Sind sie ihm hilfreich?
Erläutere den Hintergrund für das Verhalten des Erzählers.

_____

_____

c) Untersuche sie sprachlich. Beschreibe die Besonderheiten.

_____

_____

_____

_____

3 a) Welche Erzählperspektive wird in dem Text verwendet? Schreibe in dein Heft. | / 2

b) Notiere Informationen zur Figur des Erzählers und deine Schlussfolgerungen. | / 4
Schreibe in dein Heft.

4 Nimm Stellung zum Verhalten der beiden Figuren und begründe deine Meinung. | / 6
Schreibe in dein Heft.

Gesamt:

/ 22

Ein Gedicht untersuchen

Beim Lesen eines Gedichtes helfen dir folgende Schritte:
- Halte deine **Leseeindrücke** fest und stelle Vermutungen an.
- **Beschreibe** die **Form** und **Gliederung** des Gedichts.
- Untersuche die **sprachliche Gestaltung**.
- **Beschreibe** dein **Textverständnis** und **belege** am **Text** und der **Textgestaltung**.

Alfred Wolfenstein

Städter

Dicht wie Löcher eines Siebes stehn
Fenster beieinander, drängend fassen
Häuser sich so dicht an, dass die Straßen
grau geschwollen wie Gewürgte sehn.

5 Ineinander dicht hineingehakt
sitzen in den Trams die zwei Fassaden
Leute, ihre nahen Blicke baden
ineinander, ohne Scheu befragt.

Unsre Wände sind so dünn wie Haut,
10 dass ein jeder teilnimmt, wenn ich weine.
Unser Flüstern, Denken ... wird Gegröle ...

Und wie still in dicht verschlossener Höhle
ganz unangerührt und ungeschaut
steht ein jeder fern und fühlt: alleine.

1 Lies das Gedicht und notiere deine ersten Gedanken und Gefühle zum Text in deinem Heft.

2 Schreibe auf die Linie zu jeder Strophe in Stichwörtern, was beschrieben wird.

3 Notiere in den Kästen zu jeder Strophe, ob sie Äußeres Ä (Dinge, die man sieht) oder Inneres I, (Gefühle oder Gedanken) beschribt.

4 a) Beschreibe den Aufbau des Gedichts. Schreibe in dein Heft.

b) Markiere die Reime mit Buchstaben und ermittle das Reimschema.

c) Ermittle das Versmaß.

5 Vergleiche deine Ergebnisse zu Aufbau und Reimschema mit deinem Ergebnis bei Aufgabe 3. Was stellst du fest?

TIPP
Mit Klopfen oder Klatschen erkennst du die betonten und unbetonten Silben.

6 Ordne die Begriffe in die Tabelle ein und ergänze Beispiele aus „Städter"

Personifikation   keine Ahnung.   Alliteration   unvollständiger Satz

Vermenschlichung einer Sache   Du darfst das!

Sprachliches Mittel	Erklärung	Beispiel	Beispiel aus „Städter"
		Die Sonne lacht.	
	Gleicher Anfangsbuchstabe bei aufeinander folgenden Wörtern		
Ellipse			
		Sein Gesicht war rot wie eine Tomate.	

7 Erläutere die Wirkung der folgenden sprachlichen Mittel:

V.4: grau geschwollen wie Gewürgte sehn

_____

V.6/7: sitzen in den Trams die zwei Fassaden/Leute

_____

V.9: Unsere Wände sind so dünn wie Haut

_____

V.14: steht ein jeder fern und fühlt: alleine.

_____

8 Lies das Gedicht nochmals und beschreibe die Stimmung, die es auslöst.

_____

_____

9 Fasse die Aussage des Textes in eigene Worte und nimm persönlich Stellung dazu. Schreibe in dein Heft.

Teste dich selbst!

Ein Gedicht untersuchen

Hilde Domin

Bitte an einen Delphin

Jede Nacht
Mein Kissen umarmend wie einen sanften Delphin
Schwimme ich weiter fort.

Sanfter Delphin
5 In diesem Meer von Herzklopfen,
trage mich

wenn es hell wird,
an einen gütigen Strand.
Fern der Küste von morgen.

/ 5

1 Ergänze die folgende Tabelle.

Stilmittel	Textbeispiel	Wirkung
Vergleich		zeigt die Sehnsucht nach Nähe und Schutz
	an einen gütigen Strand	
Ellipse		

/ 2

2 Erkläre den 3. und 5. Vers. Was ist mit dem „Schwimmen" gemeint? Was könnte das „Meer von Herzklopfen" hier bedeuten?

_____

_____

/ 3

3 Fasse den Wunsch des lyrischen Ichs in eigene Worte.

_____

_____

/ 2

4 Kennst du Situationen, in denen du ähnlich fühlst? Schreibe in dein Heft.

Gesamt:

/ 12

Sprachvarianten untersuchen

> **Was sind Sprachvarianten?**
> - Die Standardsprache ist die **allgemein verbindliche Form unserer Sprache**. Im **Alltag** sprechen wir häufig **Umgangssprache**.
> - Einzelne **Gruppen** verfügen über **weitere Sprachvarianten**, z.B.: **berufliche Fachsprachen**, **Dialektvarianten** oder **Jugendsprache**.
> - Die Sprache, die ich verwende, macht auch Aussagen über mich. Deshalb ist es wichtig, eine der **Situation und dem Gesprächspartner angemessene Sprache** zu verwenden.

Print wirkt

Mann: … für mich bitte nen Espresso, aber doppio con latte und wenn's geht die latte bitte als triple grand soy latte …
(…)
Mann 1: Zeitung?
Mann 2: Stranger Name.
Mann 1: Mir wär das Display ja zu groß.
Frau: Ach, das ist kein Problem. Das lässt sich ganz einfach verkleinern, mit der knick and push Funktion (Frau faltet die Zeitung zusammen) (…)
Mann 2: kann man denn die ganzen Infos auch speichern?
Frau: Ganz einfach: mit der neuartigen strip-out Funktion: man reißt die news einfach aus der page und archiviert sie dann mit drag and drop in der ass-pocket.
Mann: In der was?
Frau: In der Gesässtasche. (…)
Mann: Und wo kann man so'n Teil kaufen?
Verkäufer: Bei mir im Laden!
Mann 1: Im Laden?
Mann 2: Also immer on-demand?
Verkäufer: Ich habe das sogar als flat-rate.
Mann: Als flat-rate?
Verkäufer: Ja, wir nennen das Abo.

1 Beschreibe kurz die Szene und benenne das Thema.

TIPP
Wo findet das Gespräch statt und was ist das Thema?

2 Worüber macht der Sketch sich lustig?

3 Schreibe vier englische Begriffe heraus, die im Deutschen häufig benutzt werden, und erkläre kurz, was man darunter versteht.

_____

_____

INFO

Ironie: Durch Übertreibung und Betonung wird deutlich, dass das Gegenteil der wörtlichen Aussage gemeint ist.

4 Wer in dem Gespräch passt sich „sprachlich" an und wird dabei etwas ironisch? Belege am Text.

_____

_____

Du, schau doch mal, ob Hein gerade available ist, er müsste uns hier kurz supporten, er ist irgendwo im Research Center. Wenn er seinen Printer anschließen kann, managen wir das. Wir brauchen die Papers vor dem Meeting, die definitive Deadline ist Freitag 10 Uhr ... und am Wochenende wird dann gechillt.

5 Um welches Problem geht es hier? Stelle Vermutungen zum/r Sprechenden an (Alter, Geschlecht, Beruf ...).

_____

_____

6 Wie wirkt der Sprecher/die Sprecherin auf dich? Beschreibe.

_____

_____

7 Liste mindestens 10 englische Begriffe aus dem Bereich Computertechnik und Internet auf, die auch im Deutschen verwendet werden.

_____

_____

8 Erkläre, warum viele dieser Wörter inzwischen zur deutschen Standardsprache gehören.

_____

_____

_____

_____

managen

outgesourct   _meeting_

smsen

Teste dich selbst!

Sprachvarianten

Wir haben die neuesten Outfits voll im Visier. Die must-haves der Saison zeigt dir unser Trendstylist. Die Sachen sind nur cool:
Blumenprints zu lässigem Business Look sind angesagt. Der Retro-Trend hat jetzt auch das Casual Wear voll im Griff. Denim ist unkaputtbar: Blau bleibt auf der Straße.

1 Kreuze an. Dieser Text stammt ☐ a) aus einem Modemagazin.
☐ b) aus einer Mädchenzeitschrift.

2 Begründe deine Entscheidung. Schreibe in dein Heft.   / 3

3 Nenne zwei Gründe, warum Fachbegriffe in der Modebranche englisch sind.   / 2

_____

_____

_____

_____

Bewerbungsgespräche

Erzählen Sie doch ein wenig von sich selbst.
Tim: Sehr gerne. Ich bin 15 Jahre alt und mach in Kürze meinen Schulabschluss. Meine Hobbys sind Fußballspielen und Musik. Ich spiele in einem Verein, dem …
Tanja: Nun, ich spiele echt gut Klavier und shoppen gehe ich auch total gern. Das macht mir echt Spaß und am coolsten finde ich ja den Shop an der …

4 Nenne die Sprachvariante, die die Bewerber jeweils verwenden.   / 2

_____

5 Schreibe Antworten für Tanja und Tim in ihrer jeweiligen Sprachvariante zu den folgenden Fragen auf. Schreibe in dein Heft.   / 3

Arbeiten Sie lieber alleine oder in einer Gruppe?
Wo sehen Sie sich heute in 5 Jahren?

6 Tanjas Variante hat besondere Kennzeichen. Nenne drei und notiere ein Beispiel in dein Heft.

   / 3   **Gesamt: / 13**

Nachdenken über Sprache: Sprachvarianten

Fachbegriffe erschließen

 Wörter untersuchen, Wörter nachschlagen

Ein Fachbegriff ist eine **Sprachvariante**, die zu einem bestimmten **Fachgebiet** benutzt wird. Fachbegriffe sind oft **außerhalb des Fachgebiets ungebräuchlich**. Folgende Verfahren helfen dabei, die Bedeutung zu verstehen:
- die **Bedeutung** der Wörtern **aus dem Zusammenhang erschließen**
- es mit **bekannten ähnlichen Wörtern vergleichen**
- deine **Fremdsprachenkenntnisse** nutzen
- in einem **Wörterbuch** nachschlagen
- das Wort in **Wortbausteine** zerlegen

Im Wörterbuch findest du neben der Bedeutung andere wichtige Angaben: Artikel, Herkunft, Beispiele.

> Ich bin für die Steuerung der logistischen Prozesse zuständig. Außerdem überwache ich Lager-Kommissionier- und Transportsysteme, die dazugehörigen Informations- und Dokumentationssysteme unterstehen mir ebenfalls.

> Veranstaltungen und Präsentationen wie beispielsweise Tagungen, Kongresse, Produktpräsentationen aber auch Konzerte, Ausstellungen und Feste werden von uns organisiert. Die Realisierung der kreativen Konzepte erfordert viel Organisation und bedeutet auch viel Verwaltungsarbeit. Die Agentur, bei der ich arbeite, ist sehr erfolgreich.

> Ich arbeite in einer Rehabilitationsklinik und setze die ärztlichen Diätverordnungen um, ich erarbeite für die Patienten individuelle Diättherapien und berate und schule die Patienten.

1 a) Unterstreiche alle Fachbegriffe in den Äußerungen.

b) Suche in jeder Äußerung je einen Fachbegriff, den du erläutern kannst, und schlage einen weiteren nach.

c) Notiere um welche Berufe/welches Berufsfeld es geht. Welche Wörter geben Hinweise?

_____

_____

_____

_____

_____

_____

_____

Kino, Cinema, Movie

„Mumbai ist eine Stadt, die man nicht beschreiben und nicht wirklich fassen kann. (…) Sehr viel von dem, was man jetzt auf der Leinwand spürt, kam ganz automatisch. Die Stadt ist ein einziger vibrierender Organismus und eine Inspiration."

Zwar wird schon mit den ersten Bildern klar, dass dem Zuschauer bis zum vermuteten Happy-End Einiges zugemutet wird. Trotzdem lässt man sich bereitwillig darauf ein – dafür sorgt die suggestive Ausgangssituation: Jamal Malik, der „Slumdog", nämlich muss in der indischen Version von „Wer wird Millionär" nur noch eine Frage beantworten – dann hat er die Million gewonnen. (…) Auf den Kinozuschauer wirkt dieser typische Fernseh-Cliffhanger aber sofort: Man will es miterleben, wie das Wunder passiert und der Slumdog zum Millionär aufsteigt. Diesen Cliffhänger-Trick wendet schon die Buchvorlage an, der erfolgreiche Debütroman des indischen Diplomaten Vikas Swarup.

2 Um welchen Film geht es hier? Erläutere den Titel.

_____

3 Suggestive Ausgangssituation – Happy End.

a) Welche der beiden ist ein Fachbegriff?

_____

b) Umschreibe, was mit den beiden Bezeichnungen gemeint ist.

_____

_____

4 Cliffhanger ist ein Fachbegriff der Filmbranche. Lies den Text aufmerksam und erkläre die allgemeine Bedeutung des Begriffs.

_____

_____

5 Kläre die Bedeutung der Präfixe. Schreibe in dein Heft.

post	sub	bio	re
anti	non	geo	demo
auto	multi	ex	inter

INFO

Präfixe (Vorsilben) und Suffixe (Nachsilben) haben bei Fremdwörtern oft eine eigene Bedeutung. Wer sie kennt, versteht die Wörter leichter.

Teste dich selbst!

Fachbegriffe erschließen

/ 5

1 Unterstreiche alle Fachbegriffe im Text.

Fließende Energie

Erneuerbaren Energien und intelligenten Netzen gehört die Zukunft. Dies gilt auch für den Arbeitsmarkt, denn erneuerbare Energien können zukunftsfähige Arbeitsplätze schaffen. Neben dem starken Ausbau der Wind- und Sonnenenergie erlebt auch die Wasserkraft derzeit einen gigantischen weltweiten Boom. Sie bietet zahlreiche spannende Betätigungsfelder. Wasserkraftwerke erzeugen bereits seit 100 Jahren wirtschaftlich und ohne Subventionierung Strom. Sie haben einen geringen Flächenverbrauch und weisen die niedrigsten CO_2-Vermeidungskosten aller regenerativen Energien auf […] Seit dem Pionier Oskar von Miller, der um die Jahrhundertwende die ersten Wasserkraftwerke plante und bauen ließ, haben sich Generationen von Handwerkern und Ingenieuren für den Strom aus dem Strom begeistert. Die Entwicklung zeitgemäßer Wasserkraftwerke ist noch lange nicht am Ende. So bietet die Wasserkraftbranche sowohl Bauingenieuren als auch Elektrotechnikern und Maschinentechnikern bis hin zu Hydrologen, Ökologen und Experten für internationales Projektmanagement ein überaus breites und faszinierendes Betätigungsfeld.

/ 6

2 Kreuze die richtigen Aussagen an und schreibe das passende Fremd -oder Fachwort aus dem Text auf.

☐ Wasserkraft wird immer mehr genutzt.

☐ Wasserkraftwerke brauchen kein Geld vom Staat.

☐ Wasserkraftwerke sind große Anlagen , die viel Platz brauchen.

☐ Die Energie aus Wasserkraft kann stets genutzt werden, sie verbraucht sich nicht.

☐ Oskar von Miller war der erste, der Wasserkraft nutzte.

☐ Oskar von Miller war der erste der Wasserkraftwerke realisierte.

/ 3

3 Schlage folgende Begriffe im Wörterbuch nach und notiere die Angaben.

regenerativ, Hydrologe, gigantisch

/ 8

4 Zerlege die Fremdwörter und suche die Gemeinsamkeit. Womit haben die Beispiele einer Reihe zu tun? Notiere deine Ideen und gib eine Umschreibung der Begriffe.

Dermatologisch getestet!   *Nerodermitis*   *Die Epidermis des Blattes ...*

die Familienchronik der Webers   *Ordne die Jahreszahlen chronologisch!*

Gesamt:

/ 22

Nomen und Pronomen

Nomen und Pronomen verwenden

- **Nomen** benennen **Gegenstände**, **Personen** oder **Abstraktes** und haben einen Artikel (*der, die, das, ein, eine*).
- **Pronomen** können die **Nomen ersetzen**. Sie sind Stellvertreter.
  Man unterscheidet: **Possessivpronomen** (*zeigen, wem etwas gehört*)
  Demonstrativpronomen (weisen besonders auf eine Sache hin)
  Indefinitpronomen (ersetzen nicht näher Bestimmtes)
  Personalpronomen (persönliche Fürwörter) verändern sich je nach Fall/Kasus

1 Schreibe den Text neu in dein Heft und verwende statt der Bilder Nomen und Pronomen.

Familienprobleme

2 Unterstreiche die Indefinitpronomen im folgenden Text.

Der Deutschlehrer, bevor er die Klassenarbeit austeilt

Einige von euch müssen dringend mehr arbeiten. Es hat zwar keiner völlig versagt, aber man kann wirklich noch nicht zufrieden sein. Manche haben ein gutes Ergebnis erzielt, aber viele bleiben unter ihren Möglichkeiten. Wir haben nur noch wenig Zeit dieses Schuljahr und alle sollten sich jetzt anstrengen. Das ist der Endspurt für euch. Jemand, der keine klaren und verständlichen Sätze schreiben kann, bekommt von mir keine vier.

3 Welche Pronomen findest du im Text? Ordne sie in Gruppen.

		Indefinitpronomen	Personalpronomen
dieses	ihren		

4 Welche Art von Pronomen ist am häufigsten zu finden? Erkläre warum.

_____

_____

_____

5 Setze passende Pronomen ein.

Efren Penaflorida! Einen Mann mit _____ Namen kennst du nicht? Er

könnte _____ Jahr die Wahl zum „Helden des Jahres" bei CNN gewinnen.

Die Idee, die _____ so bekannt machte, sind Klassenzimmer auf Rädern.

Mit _____ Handkarren transportiert _____ Globus, Mikroskop, eine

Schiefertafel und andere Schulmaterialien zu den ärmsten Kindern in der philip-

pinischen Stadt Cavite. _____ unterrichtet _____ auf dem Friedhof,

denn da gibt es schatten spendende Bäume. Für die Kinder ist der Unterricht eine

Abwechslung zur harten Arbeit auf der Müllkippe. Und vielleicht die Chance auf

ein besseres Leben.

Das Partizip I verwenden

> **Partizipien**
> - Partizipien werden **vom Verb abgeleitet**. Sie können die Funktion eines Adjektivs übernehmen und etwas beschreiben, oder sie werden für die **Bildung von Zeitformen** (z. B. Perfekt) benötigt. Sie sind unveränderte Verbformen.
> - Mit Hilfe des Partizips können gleichzeitig ablaufende Handlungen beschrieben werden.
> - Das **Partizip I** erkennst du an der **Endung** -end, z. B.: lach**end**.

1 Ergänze die Tabelle.

Partizip I	Infinitiv
	kommen
	ablaufen
(fest-)setzend	
	stehen
	messen
sich erinnernd	
	organisieren

2 Unterstreiche das Partizip I im Text blau.

Nanu … Nano* ?! Energie und Umwelt

Die „grüne" Nanotechnologie* könnte mit zahlreichen ihrer Entwicklungen zum Schutz der Umwelt beitragen und kommende Generationen mit sauberer Energie versorgen. Große Hoffnungen werden etwa auf die Verwendung von Wasserstoff als Energieträger gesetzt. In Verbindung mit Sauerstoff setzt dieser jede Menge Energie frei. Als Abfallprodukt entsteht lediglich Wasser. Die meisten dürften sich an dieses Knallgas-Experiment aus dem Chemieunterricht erinnern.

In Brennstoffzellen läuft diese Reaktion kontrolliert ab. Ein Problem ist aber die Speicherung von Wasserstoff. Gemessen an seinem Gewicht ist er zwar sehr energiereich, besitzt aber auch ein gewaltiges Volumen. Eine Lösung könnten Speicher sein, in denen Wasserstoff sich auf der porösen* und deshalb sehr großen Oberfläche von speziellen Nanowürfeln festsetzt. Die Oberfläche von nur einem Fingerhut voll mit diesen Würfeln entspricht der eines Fußballfeldes. Presst man den Wasserstoff hinein, lagert er sich darauf ab. Bei nachlassendem Druck kann das Gas gezielt entnommen werden.

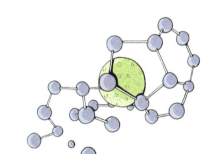

Nano: klein, zwerghaft
Nanotechnologie: Forschungsbereich, insbesondere in der Oberflächenchemie und -physik

porös: durchlässig

3 Ergänze bei folgendem Text die fehlenden Informationen aus dem Text oben mit Hilfe von Partizipien.

Wasserstoff als Energieträger

Bei der Reaktion von Wasserstoff und Sauerstoff wird viel Energie _____

Bei dem _____ Abfallprodukt handelt es sich nur um Wasser.

Sich an den eigenen Chemieunterricht _____ denken viele an

das Knallgas-Experiment. Die in den Brennstoffzellen _____

Reaktion ist kontrolliert. Das Problem ist das Volumen des Wasserstoffes.

Ein dieses Problem _____ Speicher sind spezielle Nanowürfel.

Der in diese Würfel _____ Wasserstoff lagert sich auf der

riesigen Oberfläche ab. Bei _____ Druck kann das Gas

_____ entnommen werden.

4 Unterstreiche das Partizip Präsens im ersten Abschnitt.

Biotechnologie und Medizin

Sehr konkrete Hoffnungen verbinden sich mit medizinischen Anwendungen der Nanotechnologie, seien es verbesserte Medizintechnik und neuartige Materialien, bahnbrechende Diagnosemöglichkeiten oder Therapien.
So wird etwa an einer Behandlungsmethode gegen Diabetes geforscht, bei der den Patienten in Gelkapseln eingeschlossene Zellen eingepflanzt werden sollen, die Insulin produzieren. Normalerweise würden diese sofort vom Immunsystem* zerstört. Die Kapsel wirkt aber wie eine Tarnkappe*, so dass die Fresszellen sie nicht angreifen.
Dennoch gelangen durch ihre Poren* im Nanoformat Nährstoffe zu den Zellen und umgekehrt das Insulin in den Körper. Gewonnen wird der Rohstoff für das Gel aus Algen, die vor der chilenischen Küste wachsen. Bevor die verkapselten Zellen den Patienten eingepflanzt werden, können sie in tiefgefrorenem Zustand gelagert werden.

5 Beantworte folgende Fragen indem du die die Antwort enthaltenden Relativsätze unterstreichst und die Antwort mit einem Partizip formulierst.

Welche besonderen Zellen sollen Diabetikern eingepflanzt werden?

Es sollen ... _____

Woraus besteht der Rohstoff für das verwendete Gel?

_____

Immunsystem:
körpereigene Abwehr von Krankheitserregern

Tarnkappe:
Mütze, die den Träger unsichtbar macht

Poren:
kleine Hautöffnungen

Nachdenken über Sprache: Wortarten

Mit Verben Zeitformen bilden

Verben haben verschiedene Zeitformen

- **Vorvergangenheit** (Plusquamperfekt): Er **hatte** alles **gelernt**.
- **Vergangenheit** (Präteritum, schriftlich): Früher **lernte** er gern.
  (Perfekt, mündlich): Er **hat** früher gern **gelernt**.
- **Gegenwart** (Präsens): Heute **lernt** er nur, was ihn interessiert.
- **Zukunft** (Präsens): Die Vokabeln **lernt** er morgen.
  Futur 1: Doch, morgen **wird** er die Vokabeln **lernen**.
  Futur 2: Übermorgen **wird** er sie **gelernt haben**.

1 Unterstreiche Verben im Präsens rot, Verben im Perfekt grün, Verben im Präteritum blau.

Mein erster Schultag

CHINA. Es war ein ganz besonderer Tag für Ma Xiuxian – und für den Rest ihrer Schulklasse an der Grundschule von Jinan in China wohl auch: Ende März wurde Xiuxian eingeschult – dabei ist sie schon 102 Jahre alt. Als sie noch ein Kind war, konnte sie nie zur Schule gehen. Mit 13 musste sie schon in einer Baumwollfabrik arbeiten, mit 18 heiraten. Sie bekam neun Kinder, sieben davon gingen später zur Universität. Nur sie selbst hatte nie die Gelegenheit, richtig lesen und schreiben zu lernen. Doch genau das sei ihr größter Wunsch, erzählte sie vor kurzem einer chinesischen Zeitung. Als der Direktor der Grundschule das las, lud er sie ein, in die neue erste Klasse zu kommen. Die anderen Kinder applaudierten, als sie den Klassenraum betrat. Mit ihren 102 Jahren kann sie nicht mehr so gut sehen, für ihre Schulbücher benötigt sie eine Lupe. Und mit ihr schwatzen kann man auch nur, wenn Ma Xiuxian ihr Hörgerät eingeschaltet hat.

2 Ergänze die Tabelle.

Präsens	Präteritum	Perfekt
ist/sind		
		hat gehabt
muss/müssen		
geht/gehen		
betreten		
		hat gelesen

Aktiv und Passiv verwenden

> **Unterscheidung von Aktiv und Passiv**
> - Wenn das **Subjekt handelt**, steht das **Verb im Aktiv**, z. B.:
>   *Der Torhüter wirft den Ball.*
> - Wird das **handelnde Subjekt nicht genannt**, steht das **Verb im Passiv**, z. B.:
>   *Der Ball wird geworfen.*
> - **Gebildet** wird das Passiv mit **werden + Partizip Perfekt**.

Medien – Meinungsvielfalt in Deutschland

Meinungsvielfalt in den Medien – dafür steht in Deutschland vor allem der Zeitungsmarkt. Über das ganze Land zieht sich ein Netz aus teilweise kleinsten Lokalblättern, großen Regionalzeitungen und überregionalen Titeln. Über 25 Millionen Exemplare werden in Deutschland gedruckt – pro Tag. Trotz der Konkurrenz durch den Rundfunk und das Internet liegt die Reichweite der Tageszeitung immer noch bei 71,4 Prozent der Menschen. Zahlen, die eindrucksvoll belegen: Das Medium Zeitung ist nach wie vor aktuell.

1 Wie viele Menschen lesen die Tageszeitung? Formuliere einen Passivsatz.

_____

INFO
Süddeutsche Zeitung, FAZ, Welt, Frankfurter Rundschau, taz

2 Formuliere die folgenden Aussagen im Passiv.

Fünf große Zeitungen repräsentieren die verschiedenen politischen Meinungen.

_____

INFO
Ein Redakteur ist ein Mitarbeiter einer Zeitungsredaktion. Er bearbeitet und schreibt die Artikel

Bei Diskussionen greift auch das Fernsehen gerne auf Redakteure zurück.

_____

Die meisten Menschen lesen die *Bild*.

_____

INFO
dpa: Deutsche Presse Agentur

Die dpa beliefert fast alle deutschen Tageszeitungen, Onlinedienste und Rundfunksender mit dem Neuesten aus aller Welt.

_____

Die Mitarbeiter der dpa versenden täglich rund 220 000 Wörter.

_____

Die dpa arbeitet 24 Stunden am Tag, an 365 Tagen im Jahr.

_____

Konjunktiv I und II

Verwendung des Konjunktivs

Neben der Zeitform gibt es bei Verben auch die **Aussageform** (Modi).
- Der **Indikativ** beschreibt die **Wirklichkeit** (Wirklichkeitsform).
- Der **Konjunktiv** beschreibt **Vermutungen**, Wünsche (Möglichkeitsform).
- Bei der **indirekten Rede** wird der **Konjunktiv I** verwendet, z. B.:
  Er sagt, er sei fleißig.
- Wünsche drückt man mit dem **Konjunktiv II** aus, z. B.:
  Ich wäre gern ...

1 Mit dem Wunsch lesen und schreiben zu lernen, verbanden sich für Ma Xiuxian im Laufe ihres Lebens viele Träume. Schreibe folgende Wünsche im Konjunktiv II in dein Heft.

- den Kindern Nachrichten schreiben
- eine schriftliche Bestellung aufgeben
- meiner Schwester einen Brief schicken
- einen Film im Programm aussuchen
- mich schriftlich beschweren
- anderen Neuigkeiten aus der Zeitung erzählen

2 Lies, was deutsche Schüler zu dieser Meldung sagen, und gib den Kommentar wieder.

Tom: „Das verstehe ich nicht. Wenn sie hundert Jahre ohne lesen und schreiben klar gekommen ist, muss sie es doch jetzt auch nicht mehr lernen."

Tom sagte, er verstehe das nicht. Wenn sie

TIPP

Für die indirekte Rede verwendest du den Konjunktiv I.

Kira: „Bewundernswert! Es imponiert mir, dass sie in so hohem Alter noch neue Ziele für sich selbst hat."

Büsra: „Mit 102 in der ersten Klasse, sie wird bestimmt bald genug davon haben. Und die Kinder genug von ihr, das ist wahrscheinlich nur ein Besuch für die Presse!"

Onur: „Man sollte ihr besser einen großen Fernseher schenken, dann kann sie Nachrichten und Filme sehen. Wie viele Zeichen muss man denn eigentlich lernen um Chinesisch lesen zu können?"

Teste dich selbst!

Wortarten: Nomen und Pronomen

/ 4

1 Verwende Personal- und Possessivpronomen zum Überarbeiten des Textes.

Ina hat einen Bruder. Der Bruder heißt Tom. Sie muss auf den Bruder aufpassen. Der Bruder spielt gerne mit dem Ball. Der Ball gehört ihm. Tom wirft den Ball. Ina soll den Ball fangen. Aber Ina fängt den Ball nicht. Der Ball landet im Wohnzimmer. „Tor" ruft Tom und lacht. Zum Glück war das Fenster auf.

_____

_____

_____

/ 10

2 Ergänze den Text, indem du passende Pronomen einsetzt.

Jugend forscht!

Nachwuchsforscher präsentieren _____ Erfolge auf großen Messen

Frederik Ebert (17) aus München stellt auf der Hannover Messe _____

körperunterstützendes Roboteraußenskelett vor. Mithilfe _____

innovativen Systems können Menschen bei schweren Arbeiten entlastet und bei

Behinderungen unterstützt werden. Frederik hat einen Roboterarm mit einer

mobilen Plattform entwickelt, in die sich der Nutzer hineinstellt. Durch den

Roboter wird _____ beim Heben und Bewegen von Lasten unterstützt.

Eine Sensorik erkennt _____ Bewegungswünsche und leitet _____

an einen Computer weiter, _____ steuert die Motoren des Roboterarms

entsprechend. Timo Joos (18) und Nadine Müller (19) aus Waiblingen zeigen auf

der CeBIT _____ intelligente Anhängerkupplung, die das Rückwärts-

fahren mit einem Anhänger erleichtert. Bisher ließ sich _____ nur

indirekt über die Bewegung des Fahrzeugs lenken und verhielt sich häufig anders

als erwartet. Die Zusatzlenkung der Jungforscher löst _____ Problem.

Rund ums Verb

3 a) Ersetze die Relativsätze durch Partizipien.

/ 12

Im Café

Der Mann am linken Tisch, der schreibt, ist ein bekannter Schriftsteller.

_____

Das Buch, das sie gelesen hat, legt die Frau auf den Stuhl.

_____

Der Mann, der die Zeitung liest, sitzt hier jeden Tag.

_____

Das Kind, das lacht, bekommt ein Eis.

_____

Die Bedienung, die das Eis serviert, trägt die Haare hochgesteckt.

_____

Sie bringt auch einen Kuchen, der mit Kiwis belegt ist.

_____

b) Unterstreiche das Partizip.

4 Ordne die Verben der entsprechenden Zeitform nach ein.

/ 12

Der Schweizer Autor Martin Suter wurde 1948 geboren. Nachdem er seine Ausbildung zum Werbetexter beendet hatte, wurde er zunächst Creative Director einer bekannten Werbeagentur. Später gründete er seine eigene Werbeagentur. Seit 1991 arbeit er als Autor. Seine Romane und Drehbücher sind auch international große Erfolge. Er lebt mit seiner Familie in Spanien und Guatemala. Viele seiner Werke wurden mit Preisen ausgezeichnet.

Plusquamperfekt	Präteritum	Perfekt	Präsens

/ 3

5 Unterstreiche die Passivsätze im Text über die Wandertaube.

Die letzten ihrer Art

Heute ist der Mensch der größte Artenvernichter (…)
Einst lebten drei bis fünf Milliarden Wandertauben in den USA. Wenn sich
die Tiere für den Zug nach Süden sammelten, verdunkelte sich tagelang die
Sonne, heißt es in den Berichten von damals. Doch die Wälder, in denen die
Vögel lebten, wurden abgeholzt. Millionen Tauben wurden abgeschossen.
Seit knapp hundert Jahren ist der schlanke, anmutige Vogel ausgerottet.

/ 5

6 Setze die folgenden Sätze ins Passiv.

INFO
Der Jangtse ist ein
Fluss in China.

Biologen fanden 2006 keinen Flussdelfin mehr im Jangtse.

_____

Die Siedler auf Mauritius grillten den Dodo, einen Vogel, der nicht fliegen kann.

_____

Japanische und norwegische Fischer töten Wale und Delfine in großer Zahl.

_____

Forscher entdecken auch neue Tierarten.

_____

Forscher am Mekong sichteten den Truong-Son-Muntjak. Das ist eine Hirschart,
die bellt wie ein Hund.

_____

/ 5

7 Die Schauspielerin Miley Cyrus und ihre deutsche Stimme Shandra Schadt
melden sich zu Wort. Ordne die Sprechblasen der richtigen Sprecherin zu
und gib das Gesagte in der indirekten Rede wieder. Schreibe in dein Heft.

Ich spiele gern
in Komödien und Dramen
mit. Aber bald will ich
auch mal einen
Action-Film drehen.

Tränen rollen
bei mir nicht, aber das Gesicht
muss ich schon verziehen, um die
Gefühle in der Stimme echt
rüberzubringen.

Im Film sollte ich
ohne meinen Südstaaten-
Akzent sprechen. Das musste
ich erst mal lernen.

Ich wurde zu einem
Casting in München
eingeladen.

Gesamt:

/ 51

52

Nachdenken über Sprache: Wortarten

Satzglieder

Mit Satzgliedern umgehen

Sätze bestehen aus mehreren **Satzgliedern**. Sie haben ein **Subjekt**, ein **Prädikat** und **können mehrere Objekte** sowie weitere Ergänzungen haben.
- **Adverbiale Bestimmungen** geben Auskunft darüber, wann, wo, wie und warum etwas geschieht.
- Verbindet man Haupt- und Nebensätze mit Konjunktionen, so entsteht ein **Satzgefüge**.
- **Verbundene Hauptsätze** bilden eine **Satzreihe**.
- Die Länge eines Satzes trägt zur Verständlichkeit eines Textes bei.

Süß, süßer, Stevia

Das unscheinbare Kraut namens Stevia, von dem es über hundert verschiedene Arten gibt, wächst im subtropischen Klima und wurde in Paraguay, wo es von den Guarani-Indianern schon lange zum Süßen ihres
5 Mate-Tees verwendet wird, entdeckt. Das Extrakt, das aus den Blättern der Pflanze gewonnen wird, heißt Steviol-Glykosid und ist als Süßstoff verwendbar. Es ist 300 mal süßer als der sonst verwendetet Haushaltszucker, der aus Zuckerrohr oder Zuckerrüben
10 hergestellt wird. Der Süßstoff, der in der Europäischen Union noch nicht zugelassen ist, eignet sich für viele Produkte, da er kalorienfrei, zahnschonend und hitzebeständig ist. Die widerstandsfähige Pflanze würde in den deutschen Weinanbaugebieten gut wachsen. Auch wenn die Pflanze bei Frost abstirbt, können die süßen Blätter von Mai bis
15 Oktober drei Mal geerntet werden und somit beispielsweise den ehemaligen Tabakbauern im Süden des Landes ein Einkommen sichern.

1 Lies den Text aufmerksam.

   a) Der erste Abschnitt besteht aus nur einem Satz. Schreibe den Abschnitt neu und verwende mindestens drei Sätze.

   _____

   _____

   _____

   b) Vergleiche die Versionen. Nenne für jede Version einen Vorteil.

   _____

   _____

2 Im letzten Abschnitt findest du einige adverbiale Bestimmungen. Ermittle sie, indem du die Fragen und Antworten notierst.

Während die Weltgesundheitsorganisation (WHO) 2008 die Sicherheit von Stevia Süßstoffen festgestellt hat, wird in der EU noch um die Zulassung gekämpft. In Japan und in vielen anderen Ländern in Asien ist der natürliche Süßstoff bereits in vielen Lebensmitteln wie Joghurt, Eiscreme oder Limonaden enthalten, und auch in den USA kann man Stevia-Produkte ohne Probleme erwerben. In all diesen Ländern bezweifelt niemand mehr, dass der Stoff für den menschlichen Verzehr geeignet ist und seine Vorteile für eine gesunde Ernährung genutzt werden können. Auch die südamerikanischen Ureinwohner verwenden die Pflanze seit langer Zeit. Die großen Lebensmittelkonzerne interessieren sich sehr für den neuen Stoff mit den positiven Eigenschaften und denken über die vielfältigen Einsatzmöglichkeiten nach. Es gibt beispielsweise bereits Schweizer Schokolade mit Stevia-Süße. An deutschen Universitäten wird fleißig geforscht, damit wir mehr über den Anbau und die Behandlung der Pflanzen wissen.

3 a) In dem oben stehenden Abschnitt findest du Satzgefüge. Unterstreiche sie grün und markiere die Konjunktionen.

b) Unterstreiche die enthaltenen Satzreihen rot.

4 Ermittle durch passende Fragen vier Präpositionalobjekte.

Frage	Präpositionalobjekt

5 Ermittle durch passende Fragen auch zwei adverbiale Bestimmungen des Ortes. Schreibe die Antworten in dein Heft.

a) Notiere in **kurzen** Hauptsätzen, was für die Zulassung in der EU spricht.

b) Vergleiche mit dem Text. Warum wirken die längeren Sätze überzeugender?

Teste dich selbst!

Satzglieder

Zucker macht süchtig

Ein Experiment mit Ratten zeigt die Suchtwirkung von Zucker. Das Experiment führten Neurowissenschaftler der *Princeton University* im U.S Bundesstaat New Jersey durch.

1 **a)** Bestimme die Satzglieder der beiden folgenden Sätze. | / 5 |

Der Versuch: Die Testratten erhielten kein Frühstück. Sie entwickelten Heißhunger. Die Forscher stellten Futter und Zuckerwasser bereit. Die Tiere stürzten sich auf das Zuckerwasser.

b) Verbinde die Sätze zu einer verständlichen Versuchsbeschreibung, in dem du passende Konjunktionen wählst. | / 2 |

2 Benenne die markierten Satzglieder. | / 5 |

Die Wissenschaftler beobachten Veränderungen, wie man sie von Süchtigen kennt: Zunächst ließ der Zucker den Dopaminspiegel <u>in bestimmten Hirnbereichen</u> – vor allem im Belohnungszentrum – stark ansteigen, so dass die Ratten sich nach dem Essen wohlfühlten. Doch mit der Zeit gewöhnten sie sich daran und <u>ihr Gehirn</u> verringerte die Anzahl der Andockstellen für den Botenstoff. Beim nächsten Mal brauchten die Tiere <u>mehr Zucker</u>, um sich wohl zu fühlen. Mit der Zeit wurden die Ratten vom Zucker abhängig. Wenn sie keinen Zucker bekamen, setzten sie alles daran, ihr Verlangen anders zu stillen: Sie tranken mehr Alkohol und reagierten sehr empfindlich auf Aufputschmittel.
Die Wissenschaftler, die diese Experimente durchführten und auswerteten, deuten dies als Hinweis darauf, dass sich die <u>Hirnfunktionen der Tiere</u> durch dieses Experiment dauerhaft verändert haben. Hinzu kommt, dass die Ratten, die eigentlich für ihre Neugier bekannt sind, sich <u>in der abstinenten Zeit</u>, also in der Zeit ohne Zucker, zu richtigen Angsthasen entwickelten: Sie klapperten mit den Zähnen und trauten sich kaum noch aus dem überdachten Bereich ihrer Käfige heraus.

_____

_____

_____

3 Dieser Textabschnitt ist zu lang. Kürze überflüssige Informationen und schreibe eine leserfreundliche und informative Version. Schreibe in dein Heft. | / 4 |

| Gesamt: |
| / 16 |

Nachdenken über Sprache: Satzglieder

Fremdwörter verstehen und richtig schreiben

Fremdwörter richtig schreiben

- Fremdwörter sind Wörter, die **aus anderen Sprachen übernommen** wurden.
- Viele Fremdwörter haben **typische Präfixe und Suffixe**, z. B.:
  exklusiv – Transplantation – Rekord

TIPP
Lerne die Schreibung der Fremdwörter, die du oft verwendest, auswendig.

INFO
Präfixe = Silbe vor dem Wortstamm
Suffixe = Silbe hinter dem Wortstamm

TIPP
Verwende grundsätzlich nur Fremdwörter, deren Bedeutung du kennst.

1 Lies folgenden Text und ergänze die Lücken.

Bei uns lag in diesem Winter so viel Schnee, dass wir diesmal auch zu Hause

super _____ fahren konnten. Da ziemlich viele mit ihrem Board

den Hang heruntersausten, beschlossen wir einen _____ _____

zu veranstalten. Es war spannend wie in einem _____ ! Da jeder den

ersten _____ zeigen und Jannik wie immer ziemlich _____

sein wollte, kam es zum _____ mit Tom. Wir mussten den Arzt holen.

Der _____ Snowboarder war Jonas – der bekam das _____

Snowboard-_____ Nr. 1. Unsere _____ jubelte und gab Jonas

ein positives _____ . Sogar ein _____ der örtlichen Zeitung

_____ sich für ihn.

Journalist	Snowboard	internen	Feedback	Thriller
interessierte	Arzt	Champion	Crash	Clique	cool
Olli	Pseudonym	Snowboard-Cup	coolste

INFO
Die Herkunft eines Fremdwortes erkennt man oft an dessen Aussprache und Schreibung.

2 a) Schreibe die Fremdwörter aus dem Text heraus und ordne sie in eine Tabelle nach deren Herkunft: englisch – französisch – griechisch. Schreibe in dein Heft.

b) Schreibe hinter jedes Fremdwort dessen Bedeutung und schlage diese, wenn nötig, im Wörterbuch nach. Schreibe wieder in dein Heft.

3 a) Setze die Wörter richtig zusammen. Achte auf die Großschreibung und den Artikel bei Nomen. Schreibe in dein Heft.

Mega	As		orisch	e
	Stro	Saxo		alt	äre
Di	Atmos		ph	thong	on
	Katstro	eu		e er	äre
Gra	Topogra	Meta		ik ie on	änomen

56

b) Bilde mit jedem Fremdwort einen Aussagesatz. Schreibe in dein Heft.

4 Bei diesen Fremdwörtern sind die Wortbausteine durcheinander geraten.
Ordne diese. Schreibe das Fremdwort richtig daneben.
Achte auf die Groß- und Kleinschreibung.

TIPP
Nur durch häufiges Schreiben kann man die exakte Rechtschreibung bei Fach- und Fremdwörtern erlernen.

th – oskop – ste _Stethoskop_ _____   ematik – th – ma _____

pan – er – th _____   a – let – th _____

th – disko – ek _____   mus – rhy – th _____

th – syn – etisch _____   ographie – th – or _____

th – biblio – ek _____   eke – th _____

th – video – ek _____   ma – as – th _____

a- ph – rao _____   lox – ph _____

anta – sie – ph _____

5 a) Setze die fehlenden Buchstaben richtig ein: *t/th, tz/zz, f/ph, g/gh*

A____mung   Biblio____ek   Ha____en   Blama____e   Spa____etti   Af____ane

As____alt   Eu____orie   Zo____en   Jo____urt   Diri____ent   Bli____ard

Hi____e   Pi____a   Matra____e   Repor____age   Par____ei   Pla____o

Ka____e   Or____an   Stro____e   Gara____e   Ja____uar   A____mos____äre

b) Bilde zu fünf der Nomen das Adjektiv oder Verb. Schreibe in dein Heft.

6 a) Entscheide, welche Fremdwörter mit dem Suffix -age geschrieben werden.
Schreibe diese in dein Heft. Bilde zu jedem Fremdwort den Plural.
Beispiel: _Cour____ – Courage – die Couragen_

Cour____   Et____   Fla____e   Blam____   Ma____e   Bro____e

Sabot____   Ra____   Gara____   Pa____   Ta____e   Ni____e

b) Schreibe zu drei Fremdwörtern mit der Endung -age das passende Adjektiv.
Bilde Aussagesätze und schreibe sie in dein Heft.

Richtig schreiben: Fremdwörter

57

Teste dich selbst!

Fremdwörter

/ 7

1 a) Was bedeuten die Fremdwörter? Notiere die Bedeutung.
Lies die Wörter laut vor. Was fällt dir auf? Notiere deine Beobachtung.

Champion	Champignon
Coach	Couch
Etikett	Etikette
Intuition	Institution
Kompott	Komplott
Parkett	Baguette
Sympathie	Sinfonie

b) Schreibe jedes Wort auswendig auf.

/ 5

2 Schreibe die Fremdwörter richtig auf.

| Klaster | Egzamen | Seizmograf | Pomm frit | Zaund |

_____

_____

/ 8

3 a) Ergänze bei den Wörtern die fehlenden Suffixe -ie oder -ier.

b) Bilde zu Nomen das richtige Verb.

Amnest*ie* *amnestieren*   Iron____ _____

Theor____ _____   Philosoph____ _____

Mikroskop____ _____   Fotokop____ _____

Gesamt:

/ 20

Verbindungen aus Nomen und Verb

Verbindungen aus Nomen und Verb richtig schreiben

- **Feste Verbindungen** aus **Nomen und Verb** schreibt man meist **getrennt**, z. B.: *Ski fahren, Eis laufen, Mut zeigen*
- Werden Verbindungen aus Nomen und Verb **nominalisiert**, muss man sie **zusammen- und großschreiben**, z. B.: *Beim Eislaufen zeigte er uns eine gekonnte Pirouette.*

INFO
Diese Verben werden zusammengeschrieben, weil die Bedeutung des Nomens nicht mehr so wichtig ist: Torschießen, Radfahren, Teetrinken

1 a) Schreibe mit Hilfe der Wörter im Kasten Verbindungen aus Nomen und Verb auf.

Fahrrad	spielen
Fußball	haben
Angst	fahren
Tennis	schließen
Freundschaft	trainieren
Rede	**treffen**
Recht	sprechen
Entscheidung	halten

Entscheidung treffen,

b) Schreibe zu jeder Nomen-Verb-Verbindung einen Beispielsatz in dein Heft, z. B.:

Der Richter im Oberlandesgericht Koblenz muss täglich Recht sprechen.

2 Zusammen oder getrennt? Ergänze die eingeklammerten Wörter in der richtigen Schreibweise.

Frau Meier hofft, in der neuen Firma (Fuß/fassen) zu können.

Wenn das meine Eltern erfahren, werden sie (Kopf/stehen).

Das ewige (Angst/haben) bringt dich auch nicht voran, im Gegenteil!

Das (Snowboard/fahren) hat Till im Skiurlaub gelernt.

Peter zeigte in der Pause allen, wie toll er (kopf/stehen) kann.

Vor der Mofaprüfung brauchst du doch keine (Angst/haben).

TIPP
Setze vor das Nomen einen Begleiter in Form eines Artikels (der, die, das) Adjektives (schön, gut, angenehm) oder einer Präposition (auf, beim, zum). Beispiel: Ski laufen – beim Skilaufen

59

Verbindungen mit dem Verb

! **Verbindungen aus Verb und Verb**

- Verbindungen aus **Verb und Verb werden getrennt geschrieben**, z.B.:
  einkaufen gehen, laufen lernen, schreiben üben
- Werden sie **nominalisiert**, musst du sie zusammen- und großschreiben, z.B.:
  Das Laufenlernen machte der kleinen Lucy viel Spaß.

! **Verbindungen aus Adjektiv und Verb**

- Verbindungen aus einem **Verb** und einem **vorangestellten Adjektiv** werden meist **getrennt geschrieben**.
- Verbindungen aus einem **Verb** und einem **vorangestellten Adjektiv** werden **zusammengeschrieben**, wenn bei dieser Verbindung eine neue Bedeutung entsteht, z.B.:
  etwas richtigstellen, schwerfallen, sich sattessen

1 Bilde aus folgenden Verben Verbindungen, z.B. kochen lernen. Schreibe ins Heft.

> *spielen   bleiben   starten   trainieren   können   wollen*
>
> *musizieren   sitzen   lassen   lernen   üben   schwimmen*

_____

_____

_____

2 Getrennt oder zusammen? Prüfe und schreibe richtig ab.

Mit 18 Jahren werden wir endlich mündig / sein.
Der Rechner sollte endlich mal ordentlich / arbeiten.
Ben kann sich nicht andauernd so komisch / verhalten.
Toll ist es, wenn wir gemeinsam herzlich / lachen.
Der Schüler wird im Buch auch namentlich / erwähnt.
Unser Stürmer wurde beim letzten Fußballspiel versehentlich / verletzt.

_____

_____

_____

_____

_____

Verbindungen mit sein

> **Verbindungen mit sein richtig schreiben**
> - Verbindungen mit sein werden meist **getrennt geschrieben**, z. B.: *glücklich sein, tapfer sein, fertig sein, intelligent sein, fleißig sein.*
> - Werden Verbindungen mit sein **nominalisiert**, muss man sie **zusammen- und großschreiben**, z. B.: *Markus war der Meinung, dass man allein durch Intelligentsein alle Prüfungen bestehen könne.*

1 Fülle die Lücken mit passenden Wörtern in Verbindung mit sein.

Was RoboTOR Bruno alles so kann

Jeder Fan von Robotern und Fußball möchte mal bei der Robo Cup Soccer,

der Weltmeisterschaft im Roboter-Fußball *dabei sein* . Bruno, das ist der

Stürmerstar der Darmstadt Dribblers. So ein RoboTOR muss sehr _____

_____ , denn er kann den Kopf drehen und über die Schulter schauen.

Durch das Verhaltensprogramm, welches auf dem Haupt-PC am Roboterrücken

befestigt ist, kann dieser _____ . Bruno sollte durch

_____ , denn über WLAN spricht er mit seinen

Teamkollegen. So ein RoboTOR sollte auch extrem _____ ,

er muss in einer Sekunde 40 cm weit rennen. Seine Beine müssen _____

_____ , damit er Tore schießen kann. Selbstverständlich sollte so ein

Stürmerstar auch _____ und mit seinen flexiblen

Armen den Fans zuwinken.

2 Fasse wichtige Informationen zum RoboTOR Bruno zusammen. Schreibe fünf passende Sätze auf und verwende hierfür nominalisierte Verbindungen mit sein.

Für einen echten RoBoTOR – Fan ist das Dabeisein beim Robo Cup Soccer alles.

_____

_____

_____

_____

Teste dich selbst!

Getrennt oder zusammen?

/ 6

1 Getrennt oder zusammen? Streiche die falsche Schreibweise durch.

Rene Adler, Manuel Neuer und Tim Wiese sind außergewöhnlich gute Torwarte, welche die meisten Bälle halten können / haltenkönnen. Doch wer wirklich zur WM das Deutsche Tor hüten sollte / hütensollte, wird nicht nur an Stammtischen diskutiert. Ganz offiziell werden Statistiken bemüht / Statistikenbemüht und Fehler analysiert / Fehleranalysiert. Doch auch in der Bundesliga wurde die Unantastbarkeit des Torhüters fast voll ständig / vollständig abgeschafft. Wichtig für alle Drei: Ein Torhüter sollte kerngesund sein / kerngesundsein, siehe Manuel Neuer von Schalke 04.

/ 9

2 a) Bilde Wortverbindungen aus folgenden Nomen, Adjektiven und Verben. Trage diese in die Tabelle ein.

Auto	Wasser	französisch		essen	suchen	laufen
lachen	Rat	falsch	+	können	sein	kochen
langsam	selten	schlafen		reparieren	sehen	gehen

Nomen + Verb	Verb + Verb	Adjektiv + Verb

b) Bilde mit den Verbindungen passende Sätze.

/ 4

3 Liese die Sätze aufmerksam durch. Streiche die falsche Schreibweise durch.

Tim ist schlecht gelaunt / schlechtgelaunt aus dem Urlaub zurückgekehrt.

Katja meint, dass es ihr seit gestern schlecht gehen / schlechtgehen würde.

Der Direktor trägt einen schwarz gestreiften / schwarzgestreiften Anzug.

Wir haben im Garten einen schwarz köpfigen / schwarzköpfigen Singvogel gesehen.

Gesamt:

/ 19

Nomen und Nominalisierungen

> **Nomen**
> - Nomen schreibt man **groß**.
>   Man erkennt Nomen an den typischen Wortbausteinen:
>   – **Suffixen**: -ung, -keit, -heit, -nis, -tum.
>   – an dem **Begleiter**: das Ereignis, die Pferde, das Sportfest.
> - Auch Verben können zu Nomen werden. Das nennt man Nominalisierung.
>   Dazu wird ein Artikel vor das Verb gesetzt, z. B.:
>   *Das Wandern ist des Müllers Lust.*

1 Schreibe aus dem Text alle Nomen mit ihrem Begleiter heraus.

Das teuerste Rennpferd

Kaum surren die Kameras, da wirft sich das Springpferd in Pose: Brust raus, Hals hoch und ab geht's zur Ehrenrunde im schwungvolllsten Galopp. Diese Stute kennzeichnet ein eiserner Siegeswille. Ihr Reiter heißt Gilbert Böckmann. Er ist mit der Stute namens „No fathers Girl" Favorit im Rennen aller Rennen: die Munich Classics in München. Diese Luxusstute schafft auch unter enormen Druck ein fehlerfreies Rennen.

das teuerste Rennpferd

2 Bilde aus den Adjektiven, Verben und den Suffixen *-heit, -keit, -ling, -nis, -schaft, -tum, -ung* Nomen, z. B.: *das Wachstum*

sicher	wichtig	munter	schön	ärgern
achten	wachsen	eignen	bemühen	faulen
ergeben	hindern	lustig	einsam	traurig
freundlich	gefangen	heiter	grausam	trennen

Groß- und Kleinschreibung in festen Wendungen

Großschreibungen in festen Wendungen
- **Feste Wendungen** werden **meist großgeschrieben**, z. B.:
  in Bezug auf, in Frage stellen, im Wesentlichen, im Grunde
- Adjektive in **festen Wortverbindungen** schreibt man groß, z. B.:
  im Folgenden, im Nachhinein, des Näheren, nicht das Übliche
- Die **Superlativ-Form** wird **stets kleingeschrieben**, z. B.:
  Ich sehe dich am liebsten jeden Tag wieder.

IM ALLGEMEINEN   IM WESENTLICHEN
IM GROSSEN UND GANZEN   DAS BESTE

1 Verfasse mit diesen Wendungen Sätze zu deinem Lieblingsurlaubsort.

_____

_____

_____

_____

_____

_____

2 Entscheide, ob es sich bei folgenden Sätzen um feste Wendungen oder Adjektive im Superlativ handelt. Schreibe die Sätze in der richtigen Groß- und Kleinschreibung in dein Heft.

am schönsten fand ich das neuseeländische städtchen aukland

das wappentier neuseelands ist der kiwi, der nicht die geringste scheu vor menschen hat

die ureinwohner neuseelands sind im allgemeinen gastfreundlich

wenn man es gemütlicher haben will, so bucht man sich eines der komfortablen Ferienhäuser

---

INFO
Adjektive bilden drei Steigerungsstufen
- Grundform (Positiv)
  klein, fein, gut
- Vergleichsform (Komparativ)
  kleiner, feiner, besser
- Superlativ
  am kleinsten, am feinsten, am besten

Richtig schreiben: Groß oder klein?

64

Zeitangaben schreiben

> **Zeitangaben richtig schreiben**
>
> - Alle Zeitangaben, die **als Nomen** verwendet werden, **schreibt man groß**:
>   **Wochentage**, z.B.: *am Dienstag, der Samstag*
>   **zusammengesetzte Zeitangaben**, z.B.:
>   *zum Feierabend, am Mittwochnachmittag*
>   **Zeitadverbien + Tageszeiten**, z.B.: *heute Abend, vorgestern Morgen*
> - Achte auf die **Signalwörter** für: **Artikel + Präposition**, z.B.: *am, beim, zum*
> - **Klein** schreibt man:
>   alle **Zeitangaben mit -s**, z.B.: *dienstags, morgens, abends*
>   alle **Zeitadverbien**, z.B.: *heute, morgen, gestern, übermorgen*
>   **Uhrzeitangaben**, z.B.: *Es ist halb neun.*

1 Trage die folgenden Zeitangaben in der richtigen Groß- und Kleinschreibung in die Tabelle ein.

Wir treffen uns am freitag am Kinocenter.
Timo hat immer montags und freitags Fußballtraining.
heute morgen haben wir ein Reh auf der Wiese gesehen.
Die Vorstellung auf der Tribüne findet morgen abend um 20:00 Uhr statt.
An jenem Sonntag trafen wir uns im neuen Bowlingcenter.
Kannst du mich übermorgen Abend zum Training abholen?
Wir freuen uns auf den nächsten Samstagabend.

Großschreibung	Kleinschreibung

2 Beschreibe den Ablauf eines typischen Wochenendes in deinem Leben. Schreibe in dein Heft.
Freitags darf ich immer länger aufbleiben, denn samstags kann ich ausschlafen. Am Samstag frühstücken wir alle zusammen.

Die Welt der Zahlen

TIPP
Kardinalzahlen (eins, zwei, drei ...) <u>über einer</u> Million werden alle großgeschrieben, <u>unter einer</u> Million kleingeschrieben.

Zahlen richtig schreiben

Zahlen werden als **Zahlwörter kleingeschrieben**.
- **Kardinalszahlen**, z. B.: *eins, zwei, drei*
- **Ordnungszahlen**, z. B.: *erstens, zweitens, drittens*
- **Unbestimmte Zahlwörter**, z. B.: *manches, wenig, viel, alles*

Ordnungszahlen, die **Nomen** sind, werden **großgeschrieben**.
Achte auf **Signalwörter**/Begleiter:
- **versteckter Artikel**, z. B.: *Mein Opa feierte seinen Achtzigsten.*
- **Pronomen**, z. B.: *sein Achtzigster*
- **Präpositionen**, z. B.: *am Ersten des Monats*

1 Unterstreiche die richtige Schreibweise der Zahlwörter. Markiere Signalwörter.

Reinhold Messner und die Alpen

Mein Vater war Dorfschullehrer und züchtete nebenbei Kaninchen und Hühner, um uns neun / Neun Kinder großzuziehen. Er hat mich im Alter von fünf / Fünf Jahren mit auf den höchsten Gipfel der Geislerspitze mitgenommen. Der Suss Rigais ist 3027 m hoch und war mein erster / Erster dreitausender / Dreitausender. Die Alpen zählen zu meinen Favoriten, die unvergleichliche Naturschönheiten aufweisen. Immerhin zieht sich der Alpenbogen über acht / Acht Länder. In den Alpen leben zwölf / Zwölf millionen / Millionen Menschen. Mehr als hundert / Hundert Millionen Menschen kommen jedes Jahr als Besucher dazu.

2 Ordne die folgenden Beispiele von Zahlwörtern in die Tabelle ein.

kleingeschrieben	großgeschrieben

DER ZWEITE RENNFAHRER   DIE ERSTE REIHE   AM DRITTEN DES MONATS

DIE ZWEITE TRUG JEANS   DIE ERSTE WAR TOLL   JEDER ZWEITE HAT PECH

AM ERSTEN DES MONATS GIBT ES GEHALT   DREI MILLIARDEN KRIEGSOPFER

DREI MÄDCHEN SPIELEN ZUSAMMEN   JEDER FÜNFTE DARF MITKOMMEN

Eigennamen, Straßennamen und feste Verbindungen

> **Schreibung von Eigennamen, Straßennamen und festen Verbindungen**
> - Alle **Eigennamen und festen Verbindungen** werden großgeschrieben, z. B.: *der Westfälische Friede, die Deutsche Bahn AG, der Stille Ozean, das Rote Kreuz*
> - **Adjektive** werden als **Teil eines Eigennamens oder einer festen Wendung** großgeschrieben, z. B.: *die Iberische Halbinsel, der Große Bär, der Heilige Abend*
> - **Adjektive auf -isch** werden auch als Orts- und Herkunftsbezeichnungen **klein geschrieben**, wenn sie nicht fester Bestandteil eines Eigennamens sind, z. B.: *die goldene Hochzeit, amerikanische Touristen, ungarische Volkstänze*

1 Schreibe die Eigennamen aus dem Text in der richtigen Schreibweise in dein Heft.

WIR LESEN IM DEUTSCHUNTERRICHT GEDICHTE VON FRIEDRICH SCHILLER.

EINE FREUNDIN WOHNT IN BERLIN IN DER STRASSE UNTER DEN LINDEN.

TORRES FREUND BESUCHTE VOR KURZEM DIE CHINESISCHE MAUER.

WIR STAUNTEN ÜBER DIE GRÖSSE DER BLAUEN GROTTE IN KROATIEN.

UWE IST FÜR DIE ELEKTRIK BEIM DEUTSCHEN BUNDESTAG ZUSTÄNDIG.

IN DEN SOMMERFERIEN VERREISEN WIR AN DEN ATLANTISCHEN OZEAN.

DAS ALTE TESTAMENT LIEST SICH WIE EINE SPANNENDE GESCHICHTE.

2 Bilde aus folgenden Wörtern bekannte Eigennamen. Schreibe die Eigennamen in der richtigen Groß- und Kleinschreibung auf.

Deutsche	Meer
Münchener	Bär
Frankfurter	Museum
Weiße	Oktoberfest
Bergische	Ozean
Neue	Testament
Rotes	Römer
Berliner	Haus
Indischer	Land

Richtig schreiben: Groß oder klein?

67

Teste dich selbst!

Groß oder klein?

/16

1 Schreibe folgenden Text in der richtigen Groß- und Kleinschreibung in dein Heft.

UNSERE WÜSTENFAHRT

IN DER WÜSTE KANN MAN EINIGE ÜBERRASCHUNGEN ERLEBEN. AUF EINER UNSERER WÜSTENTOUREN HABEN WIR EINMAL EINE SEHR UNANGENEHME ÜBERRASCHUNG ERLEBT.

KURZ VOR UNSEREM ZIEL WAR PLÖTZLICH DIE GUT AUSGEBAUTE UND BEFESTIGTE STRASSE UNTER EINER METERHOHEN DÜNE VERSCHWUNDEN. WIR WOLLTEN DAS HINDERNIS UMFAHREN, BLIEBEN ABER TROTZ UNSERES ALLRADANTRIEBES IM SAND STECKEN.

ALLE MUSSTEN ZUR SCHAUFEL GREIFEN UND HOLZBRETTER UNTER ALLE VIER RÄDER LEGEN. DAS FLOTTMACHEN HAT FUNKTIONIERT. UNSERE TOUR KONNTE UNGEHINDERT WEITERGEHEN.

/15

2 Der folgende Text enthält 15 Rechtschreibfehler. Unterstreiche diese und berichtige. z. B.: *Roter Adler – der rote Adler*

Der Yellowstone Nationalpark

Als wir im letzten Urlaub im Yellowstone nationalpark waren, kamen wir einmal ganz Nah an eine Besondere art von quellen. Aus dem boden quoll kein Wasser, sondern Grünlich Grauer Schlamm mit einem ekelhaften gestank. Überall wölbte sich der Schlamm zu blasen, die mit Leisem knall platzten. Heiße tropfen versprühten und Dämpfe wie aus einer höllenküche stiegen in unsere Nase. ein schild hatte uns doch eigentlich vor diesem ungetüm gewarnt.

_____

_____

_____

_____

_____

Gesamt: /31

Satzreihen und Satzgefüge

> **Satzreihen oder Satzgefüge**
>
> Satzreihe:
> - Werden **zwei Hauptsätze** durch **und** oder **oder verbunden**, muss kein Komma stehen, z. B.: *Im Meer gibt es noch nicht entdeckte Tiere und es existieren auch viele unentdeckte Pflanzenarten.*
> - Werden die Hauptsätze durch eine nebengeordnete Konjunktion verknüpft, steht ein Komma, z. B.: *Viele Tier- und Pflanzenarten unserer Meere sind noch nicht erforscht, deshalb stehen die Meeresbiologen vor einer großen Herausforderung.*
>
> Satzgefüge:
> - Werden **Hauptsätze** mit **Nebensätzen** verbunden, so setzt man **vor dem Nebensatz ein Komma**, z. B.: *Die Laternenfische können Licht erzeugen, sodass sie sich ihrer Umgebung anpassen können.*
> - Wird der **Nebensatz vorangestellt**, steht das **Komma zwischen den zwei Verben**, z. B.: *Da die Scharlachgarnele Wolken aus leuchtendem Sekret ausschießt, blendet sie damit ihre Feinde.*

INFO
Satzreihe:
Zwei oder mehr Hauptsätze werden verknüpft.

INFO
Satzgefüge:
Hauptsatz und Nebensatz werden verknüpft.

1 a) Schreibe die Sätze ab. Setze das Komma.

Der Meeresdschungel erstreckt sich zum Beispiel von der Westküste Nord- und Südamerikas aber auch vor Südafrika nach Australien. Dieser Meeresurwald gilt als das artenreichste Ökosystem der Welt denn hier leben hunderte Tierarten an einer 70 Meter langen Kelppflanze. Nicht auf der Erde sondern in den Meeren leben siebenmal mehr Tierarten als auf den Kontinenten. Man nimmt an dass in den Ozeanen noch zehn bis dreißig Millionen Tierarten existieren. Obwohl bis heute 300 Millionen Quadratkilometer Meeresboden erforscht sind ist man nach wie vor am Anfang einer gigantischen Forschung.

b) Ordne den Sätzen Satzmuster zu HS – HS, HS – NS.

2 Schreibe die Satzreihen in Satzgefüge um. Wähle die passende Konjunktion und setze die fehlenden Satzzeichen.

z. B.: *Unsere Ozeane sind wie ein Universum, da dort eigene Gesetze herrschen.*

INFO
- Nebensätze können nicht alleine stehen.
- Das Verb steht am Ende des Satzes.
- Der Nebensatz wird oft durch Konjunktion eingeleitet.

Signalwörter: da, weil, um, zu, wenn, falls, dass, so dass, als, obwohl

Unsere Ozeane sind wie ein Universum. Dort herrschen eigene Gesetze.

Der Vergleich des Ozean mit dem Universum stimmt. Es gibt dort unten Laternenfische.

Die Laternenfische verändern ihr Licht stufenlos. Es wirkt wie ein Dämmerlicht.

Einige Quallen werfen leuchtende Tentakeln ab. Angreifer werden verwirrt.

dass-Sätze

> **dass-Sätze**
> - Vor dem dass-Satz steht ein **Komma**.
>   Sie stehen:
> - **nach bestimmten Verben**, die **Gedanken** oder **Gefühle** beinhalten, wie z.B.:
>   *sagen, meinen, denken, zusammenfassen, hoffen, zweifeln.*
>   z.B.: *Keiner wusste, dass es noch größere Tiere gibt als den Blauwal.*
> - **nach Hauptsätzen**, die einen **Inhalt ankündigen**, z.B.: *Die Forscher stellten fest, dass es noch viele unentdeckte Tierarten gibt.*

TIPP
Manchmal erkennst du an einem hinweisendem Wort, dass ein dass-Satz folgt, wie z.B.: Es wurde davor gewarnt, dass ...

1 Unterstreiche die Nebensätze, die mit der Konjunktion „dass" eingeleitet werden. Rahme das Prädikat ein.

Der Kaiserpinguin

Der Kaiserpinguin ist so gut trainiert, dass er
300 Kilometer über die Eiskante laufen kann.
Der Pinguin ist so gegen Kälte abgehärtet,
dass er auch bei minus 50 Grad sein Ei ausbrüten kann.
Beim Ausbrüten verliert er die Hälfte seines
Körpergewichtes.
Danach wird er von seiner Partnerin abgelöst.
Von Kaiserpinguinen ist bekannt, dass sie wie pfeil-
schnelle Torpedos bis zu 400 Meter tauchen können, um Fische zu jagen.

TIPP
Wörter, die oft einen dass-Satz ankündigen:
> dadurch
> dafür
> damit
> daran
> davor
> dazu

2 Bilde aus den Textbausteinen dass-Sätze.

sich wundern, Fischschwärme flüchten wie auf Kommando vor Feinden

feststellen, Fische verständigen sich untereinander

hat festgestellt, es gibt eine Schwarmintelligenz

behauptet, Fische verwirren so ihre Fressfeinde bis zur Ermüdung

fasst zusammen, Fischschwärme brauchen keinen Anführer oder Chef

_____

_____

_____

_____

_____

_____

Relativsätze

> **Relativsätze**
>
> - Ein Relativsatz wird durch **ein Komma** vom übrigen Satz abgetrennt, z.B.:
>   *Das Kleid, das Karla gestern anhatte, gehört eigentlich ihrer Mutter.*
> - Manchmal ist ein Relativsatz in einem Satz eingeschoben. Dann musst du
>   **zwei Kommas** setzen, eines **vor** und eines **hinter** dem Relativsatz, z.B.:
>   *Die Entdeckung der Ozeane, die gerade erst begonnen hat, ist unsere Zukunft.*

INFO

Relativpronomen können in verschiedenen Fällen erscheinen, z.B.:
> der, die, das
> den
> dem
> denen
> dessen
> welcher, welche, welches

1 a) Setze die fehlenden Kommas.

b) Unterstreiche die Relativsätze. Rahme das Einleitewort (Relativpronomen) ein.
Ergänze das Satzmuster, z.B.: Laternenfische können Licht erzeugen, das sie
wie Dämmerlicht verändern können. HS-NS

Quallen haben Tentakeln mit denen sie Angreifer verwirren _____

Die Tentakeln die im Dunklen leuchten sind auch meistens hochgiftig. _____

Es gibt eine Riesensepia deren Gehirn zu den intelligentesten aller Weichtiere
gehört. _____

Die Riesensepia die auch die Königin des Maskenballs genannt wird ist ein sehr
intelligentes Wesen. _____

Die Riesensepia deren Haut hundert Pixel-Zellen besitzt kann sich bei Gefahr
blitzschnell verfärben. _____

2 Schreibe die folgenden Sätze ab und erweitere die unterstrichenen Nomen durch
Relativsätze. Nutze die Wörter in Klammern und setze die entsprechenden
Kommas.

Die Riesensepia (verwandelt sich nach Belieben) wird auch Königin des
Maskenballs genannt.

Die Verwandlung (passiert sekundenschnell) dient ihr zur Tarnung.

Die Riesensepia (nutzt die Verwandlung auch) um sich mit anderen zuverstän-
digen.

TIPP

Mit einer Ersatzprobe kannst du prüfen, ob es sich um einen Relativsatz handelt. Kannst du auch welches einsetzen, handelt es sich um einen Relativsatz. z.B.: Das Haus, das/welches rote Türen hat, gehört meinem Großvater.

3 Bilde je fünf Satzgefüge, in denen „das" als Relativpronomen, „dass" als
Konjunktion vorkommen.

_____

_____

_____

_____

_____

Infinitivsätze

Das Komma bei Infinitivsätzen

- Der Infinitivsatz ist eine weitere Form des Nebensatzes. Er besteht aus einem Infinitiv mit **zu** und mindestens einem weiteren Wort. Ein Komma **kann**, muss aber nicht gesetzt werden, z. B.: *Wir freuen uns (,) eine Schiffsreise machen zu können.*
- Es muss aber gesetzt werden, wenn ein **hinweisendes Wort** den Infinitivsatz ankündigt, z. B.: *Wir freuen uns darüber, eine Schiffsreise machen zu können.*
- **Vor Infinitiven** mit zu, die mit **um, ohne, statt, anstatt, außer** oder **als** eingeleitet werden, **musst du ein Komma setzen**, z. B.:
Die Echsen fressen Algen, um große Mengen an Nahrung aufzunehmen.
- Hängt der Infinitivsatz von einem Nomen ab, muss ebenfalls ein Komma gesetzt werden, z. B.:
*Sie hatte **den Plan**, bis zum nächsten Sommer schwimmen zu lernen.*

1 Forme die dass-Sätze in Infinitivgruppen um. Entscheide, ob du das Komma setzen musst. Schreibe in dein Heft.

Säugetiere überlebten dadurch, dass sie immer anpassungsfähig sein konnten.

Um überleben zu können, müssen Säugetiere sehr anpassungsfähig sein.

Säugetiere der Urzeit hatten die Fähigkeit, dass sie im Wasser überleben konnten.

Von Walen ist bekannt, dass sie seit 36 Millionen Jahren existieren.

Man hat erforscht, dass Wale in der Urzeit Süßwasser tranken.

TIPP
Bei diesen Wörtern, die einen Infinitivsatz ankündigen, musst du ein Komma setzen:
- daran
- damit
- dazu
- darauf
- davon
- es

2 Bilde mit den folgenden Wortbausteinen Infinitivgruppen. Setze die Kommas und unterstreiche die hinweisenden Fürwörter. Schreibe in dein Heft.

Sie frisst Algen aus dem Ozean.
Die Meeresechse ernährt sich <u>davon</u>, Algen aus dem Ozean zu fressen.

Diese Leguanart geht ins Meer.
Sie ernährt sich von Algen.

Die Meerechse lebt auf den Galapagosinseln.
Sie schläft dort und genießt Sonnenbäder.

Die Leguane fressen Algen.
Sie nehmen große Mengen von Salz auf.

Die Echsen müssen heftig niesen.
Sie versprühen überschüssiges Salzwasser durch ihre Nasenlöcher.

Zusätze und Einschübe

> **Das Komma bei Zusätzen und Einschüben**
>
> **Nachgestellte** und **eingeschobene Erläuterungen** werden mit dem **Komma** abgetrennt. Oft erkennst du diese Zusätze und Einschübe an **einleitenden** Wörtern wie: *vor allem, das heißt, zum Beispiel, also, besonders, insbesondere nämlich, und zwar, und das, zumindest.*
> **Eingeschobene Sätze werden mit Kommas abgetrennt**, z. B.: *Sie kommt, jedenfalls habe ich es so verstanden, am Samstag zurück.*
> Auch **nachgestellte Beisätze zu einem Nomen (Appositionen)** werden mit **Kommas** abgetrennt, z. B.:
> *Lola, unser Kätzchen, benimmt sich oft sehr albern.*

1 Überprüfe die Kommasetzung. Schreibe die Sätze in dein Heft und setze die Kommas richtig.

Das Putzerfischpärchen auffallend durch, sein leuchtendes Hellblau fällt durch seinen Tanz auf.

Mit eigenartigem, Paddeln dem sogenannten Putzertanz, möchte es etwas anzeigen.

Putzerfische möchten, durch das Paddeln etwas anzeigen und zwar, dass es zum Arbeiten bereit ist.

Bald kommen Fische aller Arten und Größen und zwar aus einem einzigen Grund.

Diese Fische viele davon warten, geduldig lassen sich vom Ungeziefer befreien.

Manche Kunden begnügen sich nicht, mit dem Warten insbesondere die Korallenbarsche.

2 Schreibe die Hauptsätze, die allein stehen können, in dein Heft.

3 Notiere hinter jedem Satz aus Aufgabe 1, ob es sich um einen Einschub handelt.

4 Bilde mit folgenden Textbausteinen Sätze, welche aus Einschüben und Zusätzen bestehen. Schreibe in dein Heft.

Für die Fische hat dieses laute Trillern des Putzerfisches Vorteile. (Sie hören, wo sich der Putzer gerade aufhält).

Die Fische unterstützen den Putzerfisch. (Durch Abspreizen der Flossen, Kiemendeckel und durch Öffnen ihres Maules).

Der Fisch-Kunde zeigt dem Putzerfisch, ob er mit dem Putzen zufrieden ist. (Nach dem Besuch des Putzers schüttelt der Fisch sich und wandert weiter).

Eine Fischart nutzt die Beliebtheit des Putzerfisches aus. (Der Säbelzahnschleimling).

Der Säbelzahnschleimling hat Hunger. (Er gibt seinem Körper dasselbe leuchtende Hellblau und denselben schwarzen Längsstreifen).

Diese Verkleidung und das Nachahmen des Putzertanzes haben nur einen Grund. (Er lockt Fische an, um diese anzufressen).

> **INFO**
> Prüfe, ob es sich um einen Einschub oder Zusatz handelt: Mache die **Satzprobe**, z. B.:
> **Einige Insekten können ihre Farbe ändern**, und zwar passend zum Untergrund.
> Der fettgedruckte Satzteil kann auch alleine stehen.

Teste dich selbst!

Zeichensetzung

/ 6 **1** **a)** Setze die fehlenden Kommas im Satzgefüge.

b) Bestimme die Satzmuster.

Tom meint dass er später kommen wird. _____

Toms Eltern finden dass Tom fleißig ist. _____

Wir wünschten uns das Auto das neu auf dem Markt ist. _____

Als wir in Köln ankamen regnete es. _____

Dass du es nicht schaffen konntest war nicht vorhersehbar. _____

Katja und ihre Schwester glaubten dass wir heute grillen würden. _____

Das Buch welches ich gelesen hatte war sehr spannend. _____

Das Kätzchen das zu uns kommt hat seltsame orangene Augen. _____

/ 6 **2** Setze in diesen Infinitivsätzen die Kommas.

Um besser trinken zu können holte er sich einen Strohhalm.

Er vergaß alles außer sich in der Sonne einzucremen.

Ohne zu essen wollte er den Berg besteigen.

Ihr könntet mal eine Pause machen statt die ganze Zeit zu arbeiten.

Um sich das Moped kaufen zu können musste Jan noch viel sparen.

Anstatt zu Freunden zu gehen verbrachte er den Nachmittag zu Hause.

/ 5 **3** Bilde Satzreihen. Verbinde die Teilsätze mit nebengeordneten Konjunktionen. Schreibe in dein Heft.

Du kannst zum Training gehen. Du gehst ins Theater.

Herr Müller geht heute nicht in die Firma. Er ist krank.

Die Klasse fährt zum Abschluss nach Berlin. Die Klasse besucht den Deutschen Bundestag.

Wir essen keinen Fisch. Wir essen lieber Gemüse und Obst.

Das Buch der Autorin ist spannend.

Gesamt:

/ 17

Teste dein Wissen!
Lernstandstest

Die Skatepark-City

Jahrelang wurden in München Skateparks aus Fertigteilen gebaut, mit denen Skater nichts anfangen können. Markus Suchanek, der seit 30 Jahren skatet, ist dabei, das zu ändern.
Markus Suchanek weiß, wovon er spricht, denn der 41-Jährige skatet seit 30 Jahren. 2005 hat er sich mit dem Münchner Baureferat an einen Tisch gesetzt, um Skateparks zu schaffen, mit denen die Münchner Skater etwas anfangen können.

sueddeutsche.de: Warum engagierst dich für die Münchner Skateboard-Szene?

Suchanek: Die Skateparks in München wurden lange Zeit an den Bedürfnissen der Skater vorbei gebaut. Ich will, dass die Skater bessere Spots bekommen, mit denen sie etwas anfangen können.

sueddeutsche.de: Wenn du dich so sehr für Skateparks engagierst, muss deine Faszination für das Skaten und die Szene sehr groß sein. Was genau macht deine Begeisterung aus?

Suchanek: Die Geschwindigkeit und die Fliehkraft machen den Reiz aus. Wenn man in einem leeren, drei Meter tiefen Pool fährt und über den Rand hinausfliegt, entstehen dabei intensive Gefühle. Wenn man damit aufwächst, bohrt sich das ein und die Faszination bleibt. Man macht etwas, was andere nicht können. Das Skateboard-Fahren hat für viele etwas Freches, Unerhörtes, weil die Fahrer nicht an die Schwerkraft gebunden zu sein scheinen. Als Ende der Siebziger die ersten Bilder der Skateparks aus Kalifornien hier auftauchten, die aussahen wie betonierte Mondlandschaften, hat das auf mich eine riesige Faszination ausgeübt. Ich arbeite in einer Bank im Firmenkundenbereich und trage fast jeden Tag einen grauen Anzug – und am Wochenende gehe ich skaten.

sueddeutsche.de: Was ist das Besondere am Skateboarden?

Suchanek: Skateboard-Fahren hat eine lange Geschichte, es ist kein Teenie-Kram oder eine Eintagsfliege, sondern seit Jahren ein fester Bestandteil der Jugendkultur und mittlerweile eine etablierte Sportart. [...]

sueddeutsche.de: Wie hat sich das Skateboarden in der Zeit verändert?

Suchanek: Am Anfang haben die Wellenreiter in Kalifornien ihr Surfen auf die Straße verlegt. Dann haben sie entdeckt, dass sich leere Swimmingpools – das sind dort runde Becken – super zum Skaten eignen. Daraus ist die Bewegung der Skateparks entstanden. Nach den siebziger Jahren hat sich das Skateboarden auf das Halfpipe-Fahren verlagert. Das war die Zeit, als das Skaten nach Deutschland kam. Ende der Achtziger verschwand das Halfpipe-Fahren von der Oberfläche, weil die Skater allmählich älter wurden.

Interview: Ana Maria Michel

1 Lies das Interview mit Markus Suchanek durch.

/1   **2** Überlege, welches Thema das Interview anspricht.
Kreuze es an.

☐ Sport oder einfach nur der Kick?

☐ Skateboard-Fahren: eine anerkannte Sportart

☐ Leichtsinn oder In sein? Skateboard-Fahren

/1   **3** Welche Meinung vertritt Markus Suchanek?

☐ Die Skateparks in München sind ok.

☐ Die Skateparks in München wurden lange Zeit an den Bedürfnissen der Skater
vorbei gebaut.

☐ München braucht keinen neuen Skatepark.

/2   **4** Markus Suchanek engagiert sich für die Münchner Skateboard-Szene.
Schreibe zwei Gründe aus dem Interview auf, warum er sich für neue Parks
zum Skaten einsetzt.

_____

_____

_____

/5   **5** Suchanek belegt sein Argument für den neuen Skatepark mit Beispielen.
Schreibe fünf Beispiele als Beleg heraus.

_____

_____

_____

_____

_____

/3   **6** Wer kam wann und wo auf die Idee, Skateparks zu bauen?

Wer? _____

Wo? _____

Wann? _____

7 Die Leiter vom Baureferat argumentierten zuerst gegen den Skatepark. Kreuze mögliche Argumente an.

/ 2

☐ Ein neuer Skatepark verursacht zu hohe Kosten.

☐ Der Skatepark aus Fertigteilen ist nichts für Skater.

☐ Andere Investitionen haben Vorrang. (Z. B. die Allianz-Arena)

☐ Skateboarden ist nicht mehr angesagt. Wozu dann der Aufwand?

8 Formuliere zu zwei Kontra-Argumenten vom Baureferat zwei Pro-Argumente aus der Sicht eines Skateboarders.

/ 2

_____

_____

_____

9 Der geplante Skatepark hat, außer dem Baudezenat, weitere Gegner. Markus Suchanek erhält dazu folgende E-Mails:

/ 5

1 „Der Skatepark bringt nichts als Lärmbelästigung."   *Peter*

2 „Wer skatet, der hat Probleme andere Sportarten zu betreiben."   *Carola*

3 „Wir möchten hier weiterhin in Ruhe und Frieden leben. So'n Skatepark zieht auch Kriminelle an."   *Tom*

4 „Ich als Mutter eines dreizehnjährigen Jungen möchte nicht, dass mein Sohn auch in diese Szene gerät."   *Jana*

5 „Auch ich bin gegen die Modernisierung. Sollen die doch erst einmal den Spielplatz für die Kleinsten erneuern ...!"   *Eve*

Formuliere Suchaneks mögliche Antwort-E-Mails als Contra-Argument.

_____

_____

_____

_____

10 Flo Schuster hat bereits zwei Skateboard-Filme gedreht. Lies seinen Kommentar durch.
Nutze Aussagen von ihm, um Pro-Argumente für den neuen Skaterpark zu erstellen. Formuliere vier Pro-Argumente. Achte auf die Einteilung Argument – Beleg – Beispiel.

/ 12

Lernstandstest

Schuster: Skaten ist eine „freie" Sportart: Es gibt viele verschiedene Tricks, die man machen und auf fast unendlich viele Arten kombinieren kann. Man ist nicht an bestimmte Trainingszeiten gebunden wie bei Vereinssportarten. Und das Tolle ist: Skaten kann man fast überall, wo es einem die Architektur erlaubt. Skaten ist nicht so statusbehaftet wie andere Sportarten. Man muss zum Beispiel nicht bei Wettbewerben mitfahren. Ich skate seit acht Jahren, an Wettkämpfen habe ich nie teilgenommen. Wettkampfergebnisse sagen gar nichts über das Können aus oder die Liebe zum Sport.

Schuster: Städte wie beispielsweise Berlin und Köln haben sicherlich bessere Bedingungen als wir hier. Es gibt dort mehr und größere Skatespots. Da ist mehr Leben in der Szene drin. Aber das Angebot an Skateparks im Freien ist in München in Ordnung – da wurde in letzter Zeit viel gebaut. Für den Winter gibt es allerdings nicht wirklich etwas. Früher konnte man noch in die Euro-Skate-Halle gehen, aber die Stadt wollte kein Geld mehr zuschießen und deswegen musste sie vor zwei Jahren schließen. Es gibt noch eine Halle in der Kultfabrik, aber die ist klein und überlaufen, da kann man nicht wirklich Spaß drin haben. Die einzig gute Halle in der Nähe ist in Freising, aber da fährt man mindestens eine halbe Stunde hin. Für viele Skater ist das am Abend nach der Arbeit einfach zu weit.

Pro-Argument: _____

Beleg: _____

Beispiel: _____

Pro-Argument: _____

Beleg: _____

Beispiel: _____

Pro-Argument: _____

Beleg: _____

Beispiel: _____

Pro-Argument: _____

Beleg: _____

Beispiel: _____

/ 3

11 a) Unterstreiche im Interview mit Suchanek „Die Skatepark-City" drei Sätze, die die Pro-Argumentation bekräftigen.

/ 9

b) Schreibe die unterstrichenen Sätze umformuliert als Pro-Argumente auf. Achte auf die Verwendung der Konjunktionen da, weil, dennoch ...

c) Formuliere den Schlussteil der Argumentation als zusammenhängenden Text. /3

Gesamt:

/48

Textquellenverzeichnis

S. 4/5 Das gefleckte Band. Übersetzt von Ulrike Wasel und Klaus Timmermannn. Aus: Arthur Conan Doyle: Die Abenteuer des Sherlock Holmes. Hrsg. von Klaus Degering. Verlag Philipp Reclam jun., Ditzingen 2007.
S. 6/7 Donald J. Sobol, Still More Two-Minute Mysteries, Apple Paperbacks, Scholastic Inc., 1975, Deutsch von Peter Blomert. Zitiert nach: http://www.kooperatives-lernen.de.
S. 8 Donald J. Sobol, Still More Two-Minute Mysteries, Apple Paperbacks, Scholastic Inc., 1975, Deutsch von Peter Blomert. Zitiert nach: http://www.kooperatives-lernen.de.
S. 17 Schuluniform: Gutes Klima in Gießen © RP Online GmbH 1995 – 2010, 26.8.2004
S. 23 Dorothea Szymanski: Berufsbild: Entwickler für Computerspiele, www.geo.de/GEOlino/mensch/berufe/61872.html?t=print.
S. 25/26 Peter Steinlechner: Jury blamiert sich mit „Anno 1404". DIE ZEIT, 3.5.2010
S. 28–30 Britta Dubber: Schlussfolgerungen, aus: Abenteuer im Frisiersalon – Kurzgeschichten aus dem Internet, Ronald Henss Verlag, Saarbrücken 2004.
S. 32/33 Reiner Kunze: Die wunderbaren Jahre. S. Fischer Verlag, Frankfurt a. M. 1976.
S. 34 Alfred Wolfenstein: Städter, in: Kurt Pinthus (Hrsg.): Menschheitsdämmerung. Rowohlt Verlag, Reinbek 1980.
S. 36 Hilde Domin; Bitte an einen Delphin aus: Rückkehr der Schiffe, S. Fischer Verlag, Frankfurt a. M. 1994, S. 53 (1. Aufl. 1962).
S. 37 Dietmar Jacobs: Print wirkt, Düsseldorfer Kommödchen bei der Verleihung des Henri-Nannen Preises 2009 bei: you tube: print wirkt.
S. 40 Informationen aus: berufenet.arbeitsagentur.de
Diätassistentin: http://www.berufenet.arbeitsagentur.de/berufe/resultList.do?searchString=%27+Di%C3%A4tassistenz*+%27&resultListItemsValues=8899_8895&suchweg=begriff&doNext=forwardToResultShort&duration=
Logistikassistentin: http://www.berufenet.arbeitsagentur.de/berufe/resultList.do?searchString=%27+Logistikassistentin*+%27&resultListItemsValues=7550_7540&suchweg=begriff&doNext=forwardToResultShort&duration=
Event-Manager: http://www.berufenet.arbeitsagentur.de/berufe/resultList.do?searchString=%27+Eventmanager*+%27&resultListItemsValues=35201_35200&suchweg=begriff&doNext=forwardToResultShort&duration=
S. 41 „Eigentlich geht es um Liebe". Danny Boyle im Interview mit Alexander Soyez Quelle: epd Film. Das Kino-Magazin 3/09, S. 28.
S. 41 Barbara Schweizerhof: Slumdog Millionär. epd Film, Das Kino-Magazin 3/09, S. 32
S. 42 Dominik Godde (Technischer Geschäftsführer der E.ON Wasserkraft GmbH in einer Anzeigen-Sonderveröffentlichung der FAZ vom 30./31. Oktober 2010).
S. 44 Thilo Thielke: Das Rollende Klassenzimmer, Dein Spiegel Nr. 5/2010, S. 22/23.
S. 45 www.technoseum.de/ausstellungen/nano/die Ausstellung/biotechnologie-und-medizin 2010 TECHNOMUSEUM, Mannheim.
S. 47 Mein erster Schultag, aus: Dein Spiegel Nr. 5/2010.
S. 48 Michael Ridder: Magazine, Zeitungen. Deutschland 6/2009.
S. 50 Stiftung Jugend forscht: Deutschlands beste Nachwuchsforscher auf der CeBIT 2010.
S. 52 Philip Bethge: Die letzen ihrer Art. Dein Spiegel Nr. 5/2010, S. 38/39.
S. 52 Anne-Katrin Schade: Mileys neue Rolle: Dein Spiegel Nr. 5/2010, S. 52/53.
S. 53/54 Astrid Uhr (BR): Rückschau: Zucker war im letzten Jahr, dieses Jahr gibt's Stevia!, ausgestrahlt von DasErste – W wie Wissen, Sendung vom 10.1.2010. (verändert).
S. 55 Anne Kleinknecht: Süße Sucht: Zucker macht Ratten zu Junkies, BR-online, Bayerischer Rundfunk, 3.8.2010. (verändert).
S. 75 Ana Maria Michel: „Die Skatepark-City". Süddeutsche.de 28.4.2010.
S. 78 Lisa Sonnabend: „Freunde, Verletzte und Vermieser". Süddeutsche.de 15.10.2008.
Stand der Internetseiten Dezember 2010.

Bildquellenverzeichnis

Umschlagabbildungen: Thomas Schulz, Teupitz. S. 16: Piero Masztalerz/toonpool.com – S. 17: iStockphoto – S. 23: iStockphoto – S. 27: Quelle: ‚Gesprächskultur in Deutschland', Studie des Institut für Demoskopie Allensbach im Auftrag von Bild der Frau und Jacobs-Krönung/ © IfD-Allensbach – S. 53: iStockphoto – S. 63: Fotolia – S. 66: Fotolia
Trotz entsprechender Bemühungen ist es nicht in allen Fällen gelungen, den Rechteinhaber ausfindig zu machen. Gegen Nachweis der Rechte zahlt der Verlag für die Abdruckerlaubnis die gesetzlich geschuldete Vergütung.

Redaktion: Katja Hohenstein

Bildrecherche: Helene Schopohl

Illustration: Dorothee Mahnkopf, Berlin

Umschlaggestaltung: Visuelle Gestaltung Katrin Pfeil, Mainz

Layout und technische Umsetzung: Buchgestaltung+, Berlin

www.cornelsen.de

www.oldenbourg-bsv.de

Die Links zu externen Webseiten Dritter, die in diesem Lehrwerk angegeben sind, wurden vor Drucklegung sorgfältig auf ihre Aktualität geprüft. Der Verlag übernimmt keine Gewähr für die Aktualität und den Inhalt dieser Seiten oder solcher, die mit ihnen verlinkt sind.

Dieses Werk berücksichtigt die Regeln der reformierten Rechtschreibung und Zeichensetzung. Bei den mit R gekennzeichneten Texten haben die Rechteinhaber einer Anpassung widersprochen.

1. Auflage, 2. Druck 2012

Alle Drucke dieser Auflage sind inhaltlich unverändert und können im Unterricht nebeneinander verwendet werden.

© 2011 Cornelsen Verlag, Berlin;
Oldenbourg Schulbuchverlag GmbH

Das Werk und seine Teile sind urheberrechtlich geschützt. Jede Nutzung in anderen als den gesetzlich zugelassenen Fällen bedarf der vorherigen schriftlichen Einwilligung des Verlages. Hinweis zu den §§ 46, 52 a UrhG: Weder das Werk noch seine Teile dürfen ohne eine solche Einwilligung eingescannt und in ein Netzwerk eingestellt oder sonst öffentlich zugänglich gemacht werden. Dies gilt auch für Intranets von Schulen und sonstigen Bildungseinrichtungen.

Druck: Himmer AG, Augsburg

ISBN 978-3-06-061810-1

 Inhalt gedruckt auf säurefreiem Papier aus nachhaltiger Forstwirtschaft.